ERFOLGREICH
DENKEN

ALS FÜHRUNGSKRAFT

BAND 2

Michael Gobran

Bibliografische Information der Deutschen Nationalbibliothek:
Die Deutsche Nationalbibliothek verzeichnet diese Publikation in der
Deutschen Nationalbibliografie; detaillierte bibliografische Daten sind
im Internet über http://dnb.dnb.de abrufbar.

Herstellung und Verlag:
BoD – Books on Demand, Norderstedt

ISBN: 978-3-7412-8518-9

Inhaltsverzeichnis

Vorwort

Erfolg misst man am Ergebnis.

ERFOLGREICH DENKEN heißt, unsere innere Einstellung auf eine gewünschte Wirkung auszurichten. Denn: Letztlich geht es immer um das Ergebnis. Entscheidend ist dabei nicht das richtige Denken, sondern die Richtung unseres Denkens. Mit passenden Wirkungsprinzipien (einfachen und einprägsamen Handlungsanleitungen) können wir unser Denken auf unser Ziel ausrichten – wie der **Wirkungsprinzip-Effekt** zeigt:

Unsere **Prägung** entsteht durch Herkunft und Erfahrungen. Sie beeinflusst, was in unserem Kopf vorgeht, bestimmt dies aber nicht.

Deshalb können wir mit Wirkungsprinzipien unser **Denken** ausrichten – genauso, wie man mit einem Bogen in eine bestimmte Richtung zielt.

Unser **Handeln** basiert auf der Richtung, in die wir denken – vergleichbar mit einem Pfeil, der auf das gewünschte Ziel abgeschossen wird.

Durch unser Handeln erzielen wir letztlich eine bestimmte **Wirkung**. Sie ist wie eine Zielscheibe, die der Pfeil erfolgreich treffen soll.

ERFOLGREICH DENKEN als Führungskraft (Band 2)

Teams entwickeln, Strukturen setzen, Konflikte managen.

Sie legen Wert auf ein klares Erwartungsmanagement? Sie streben danach, die Kreativität Ihres Teams gezielt zu fördern? Es ist für Sie wichtig, dass Ihre Spielregeln transparent und verbindlich gelebt werden? Letztlich geht es bei der Führung von Mitarbeiterteams vor allem darum, die gesetzten Ziele zu erreichen. Wirkungsorientierte Teams zeichnen sich durch Kreativität und eine gesunde Konfliktkultur aus. Als Führungskraft und Beziehungsmanager ist es Ihre Aufgabe, Ihr Team so gezielt weiterzuentwickeln, dass es maximalen Erfolg hat.

Wirkungsorientierte Führungskräfte sind immer klar und berechenbar. Sie verzichten darauf, falsch zu spielen und beziehen sofern möglich Ihre Mitarbeiter in Entscheidungen mit ein. Darüber hinaus achten Sie darauf, Ihre Teams gezielt zu fördern sowie Zeit und Ressourcen effektiv einzusetzen. Deshalb vermittelt „ERFOLGREICH DENKEN als Führungskraft Band 2" Ihnen einfache, aber höchst wirkungsvolle Handlungsanleitungen (sogenannte Wirkungsprinzipien), die Ihnen wichtige Orientierung für die Praxis geben. Dabei geht es um drei Kernziele: **Teams entwickeln, Strukturen setzen, Konflikte managen.**

Teams entwickeln.

Als erster und wichtigster Personalentwickler ist es als Führungskraft immer auch Ihre Aufgabe, Ihr Team zielgerichtet zu motivieren. Dabei sind Sie kein Teil des Teams, Sie führen es. Letztlich müssen Sie Ihr Team bewegen und dafür sorgen, dass es die gesetzten Aufgaben effizient und effektiv bewältigt. Sie sind der Rahmengeber Ihres Teams und sollten es auch immer bleiben.

Strukturen setzen.

Als Rahmengeber Ihres Teams ist es Ihre Verantwortung, die genauen Spielregeln für die Zusammenarbeit im Team zu definieren und dafür zu sorgen, dass diese Spielregeln auch wirklich eingehalten werden. Das mag sich banal anhören, tatsächlich handelt es sich dabei jedoch um einen ziemlich herausfordernden Prozess. Das Durchsetzen der Spielregeln verlangt von Ihnen als Führungskraft Mut, Konsequenz und Konfliktbereitschaft.

Konflikte managen.

Genau diese Konfliktbereitschaft ist für die Führungsarbeit essenziell. Konflikte gehören zum Führungsalltag. Sie sind in menschlichen Beziehungen völlig normal. Als Führungskraft ist es Ihre Aufgabe, Konflikte in Ihrem Team zu managen. Doch Vorsicht: Sie sollten sich dabei nicht dazu hinreißen lassen, die Konflikte selbst zu lösen. Ansonsten verlassen sich alle Teammitglieder im Konfliktfall immer auf Sie. Sie sollten ausschließlich dafür sorgen, dass Ihre Mitarbeiter die Fähigkeit entwickeln, Konflikte selbst zu lösen.

Wie erziele ich eine gewünschte Wirkung?

Als stark ergebnisorientierter Unternehmer, Trainer und Coach hat mich diese Frage seit jeher sehr beschäftigt. Insbesondere in Situationen, in denen aus meiner Sicht vorhandenes Potenzial nicht ausgeschöpft wurde – egal ob es mein eigenes, das Potenzial meiner Mitarbeiter oder meiner Klienten war.

Ich bin davon überzeugt, dass UNSER DENKEN der Schlüssel zu unserer Wirkung ist und damit die Chance darstellt, unser Potenzial wirkungsorientiert zu nutzen. Das gesamte Programm „ERFOLGREICH DENKEN" basiert auf praxistauglichen, bewährten Prinzipien. Diese Wirkungsprinzipien sind einprägsame Handlungsanleitungen für komplexe Situationen. Mit ihrer Hilfe können wir unser Denken gezielt auf eine gewünschte Wirkung ausrichten.

Dieses Buch umfasst zehn Wirkungsprinzipien in zehn Kapiteln. Zu Beginn jedes Kapitels verschafft Ihnen eine vereinfachte Praxissituation direkten Zugang zur Handlungsanleitung. Aus Gründen der besseren Lesbarkeit wird ausschließlich die männliche Form verwendet (z.B. Mitarbeiter), sie ist aber wertneutral zu verstehen und schließt die weibliche Form mit ein. Im Anschluss daran helfen Ihnen effiziente Anwendungstipps sowie Hinweise auf typische Fallen bei der Anwendung und Antworten auf häufig gestellte Fragen aus der Praxis. Am Ende eines jeden Wirkungsprinzips haben Sie die Möglichkeit, die Inhalte durch selbstreflexive Fragen langfristig zu verankern.

Ihr Denken ist der Schüssel für Ihre Wirkung. Leo Tolstoi sagte: „Was du heute denkst, wirst du morgen tun." Der Wirkungsprinzip-Effekt bestätigt dies: Die Richtung Ihres Denkens bedingt Ihr Handeln und Ihr Handeln bestimmt Ihre Wirkung. Ihre Prägung (also Ihre Herkunft und Ihre Erfahrungen) hat natürlich einen Einfluss auf Ihr Denken. Sie bestimmt es aber nicht. Wenn Sie wollen, können Sie in eine andere Richtung denken.

Ziel ist es, situativ in Ihren Rollen noch wirkungsorientierter zu agieren. Die richtigen Wirkungsprinzipien ermöglichen dies und lassen Sie ERFOLGREICH DENKEN. Ich möchte Sie dabei unterstützen, denn **Erfolg beginnt im Kopf.**

FÜHRUNG
BRAUCHT
KLARHEIT.

Nutzen und Einsatz des Wirkungsprinzips

•

Wirkungsvolle Tipps für die Anwendung

•

Mögliche Fallen bei der Umsetzung

•

Typische Fragen aus der Praxis

•

Ein Moment zur Selbstreflexion ...

Nutzen und Einsatz des Wirkungsprinzips

Führung ist immer ein „Von ... zu ..."-Prozess: Es geht darum, Mitarbeiter vom „Jetzt" zum „Dann" zu bewegen. Dies kann sich in einer einfachen Aufgabendelegation, der Weiterentwicklung eines Mitarbeiters oder der Verfolgung einer Unternehmensstrategie ausdrücken. In jedem Fall ist es dabei die Aufgabe der Führungskraft, ihr eigenes System so effizient und effektiv wie möglich zu bewegen. Und die zwingende Voraussetzung dafür ist KLARHEIT – und zwar zunächst bei Ihnen und dann auch bei Ihren Mitarbeitern.

Als wirkungsorientierte Führungskraft müssen Sie in der Lage sein, Ihren Mitarbeitern Orientierung zu geben. Sie müssen also Klarheit vermitteln. Die Ziele, die Sie vorgeben, müssen dabei genauso eindeutig kommuniziert werden wie die Rahmenbedingungen, die dazugehören. Klarheit macht sich deshalb praktisch an zwei Aspekten fest: Klartext in der Ansprache UND Berechenbarkeit in der Umsetzung. Beide Aspekte zusammen sorgen für Verlässlichkeit. Ihre Mitarbeiter wissen dann genau, woran sie sind – aber eben auch nur dann.

Sind Sie als Führungskraft dagegen unklar und unberechenbar, können sehr schnell Missverständnisse entstehen. Ein impliziter Führungsstil sorgt sowohl für inhaltliche als auch für persönliche Reibungen, da eine echte und ehrliche Auseinandersetzung mit bestimmten Themen nicht stattfinden kann. Teams, in denen die Führungskraft viel implizit und „zwischen den Zeilen" vermittelt, kämpfen typischerweise mit einer Vielzahl von unterschwelligen Konflikten. In so einer Situation müssen die Mitarbeiter Ziele, Regeln und Rahmenbedingungen selbst interpretieren, was einerseits nicht nur viel Spielraum lässt, sondern andererseits auch einen hohen Grad an Unsicherheit erzeugt.

Wirkungsorientierte Führungskräfte verstehen sich als „Leuchtturm" ihres eigenen Systems. Sie geben die notwendigen klaren Signale und beziehen eindeutig Position. Schließlich hüpft ein echter Leuchtturm auch nicht ständig von einem Platz zum nächsten. Dies würde in der Seefahrt große Probleme mit sich bringen und die Orientierung würde mindestens erschwert, wenn nicht sogar gänzlich unmöglich werden. Gleiches gilt in der Führung von Menschen. Klartext in der Ansprache ist im übertragenen Sinne das Licht des Leuchtturms und Berechenbarkeit in der Umsetzung dessen Standfestigkeit.

Das Managen von Erwartungen ist eine ursächliche Aufgabe in der Führung. Tatsächlich kann dies aber nur dann wirkungsvoll passieren, wenn Sie als Führungskraft mit klaren Ansagen und berechenbarem Verhalten für eindeutige Erwartungen sorgen. Auf diese Weise können Ihre Mitarbeiter Ziele, Rahmenbedingungen und Regeln wirklich befolgen, da sie im Vorfeld klar geäußert wurden. Ihr Team kann sich in so einem Kontext darauf einstellen und empfindet dies auch im positiven Sinne als Sicherheit. Dies heißt natürlich nicht, dass sich Ihre Mitarbeiter zurücklehnen können. Vielmehr wissen sie eindeutig, worauf es Ihnen als Führungskraft ankommt und können sich daran ausrichten. Es liegt somit kein ständiger Fokus auf Ihrer Stimmungslage, weil keiner genau weiß, wie Sie heute reagieren werden, sondern auf den wirklichen Zielen, Regeln und Rahmenbedingungen.

Der Effekt von Klarheit in der Führung lässt sich einfach beschreiben: In Ihrem Team gibt es keine Angstkultur, sondern eine gesunde Konsequenzkultur. Jeder Mitarbeiter weiß, was erwartet wird und was im positiven oder negativen Fall die Konsequenzen sind. Er braucht sich also nicht zu fragen, welche Ad-hoc-Reaktion von Ihnen kommen könnte. Dies sorgt für Effizienz und Effektivität in der täglichen Arbeit. Für wirkungsorientierte Führungskräfte gilt: **Führung braucht Klarheit.**

Eine vereinfachte Situation

Die Führungskraft hat für ihr Team eine neue, allerdings auch etwas unangenehme Aufgabe.

Sie kommuniziert ihre Erwartungshaltung nicht klar.

Sie scheut sich davor, eindeutige Ansagen zu machen.

Das Team erlebt eine unverbindliche Delegation seiner Führungskraft.

Es muss selbst interpretieren, worauf seine Führungskraft dabei wirklich Wert legt.

Die Mitarbeiter haben Sorge, dass sie die Erwartungen und Rahmenbedingungen falsch interpretieren und machen viel mehr als eigentlich erforderlich ist.

Die Führungskraft war in ihrer Ansprache unklar!

Die negative Wirkung für die Führungskraft:

Sie delegiert nicht klar genug und agiert damit nach dem Prinzip „Hoffnung".

Sie ist von ihren Mitarbeitern enttäuscht, weil sie ihre Erwartungen nicht erfüllen.

Ihr Ansehen sinkt, da man sie als „schwammig" und manchmal sogar als „rückgratlos" empfindet.

Sie überlässt vieles dem Zufall und schafft damit Unsicherheiten und Ineffizienzen.

**Die negative Wirkung für
das Team:**

Die Mitarbeiter sind unsicher,
wie sie mit den avisierten
Anforderungen umgehen sollen.

Das Team hat das Gefühl, es
müsse für seine Führungskraft
mitdenken.

Es muss fehlende Klarheit durch
eigene Interpretation selbst
erzeugen.

**Das Team erhält keine
verbindliche Orientierung, was
genau gewünscht ist.**

Mit *„Führung braucht Klarheit."* wäre es besser gelaufen ...

Die positive Wirkung für die Führungskraft:

Sie erreicht eine größere Verbindlichkeit und Effektivität.

Sie wird von ihren Mitarbeitern für ihre Klarheit respektiert.

Sie vermittelt ihre Erwartungen eindeutig und schafft damit größtmögliche Orientierung.

Ihr Team lässt sich schneller auf neue Aufgaben ausrichten.

**Die positive Wirkung für
das Team:**

Die Mitarbeiter wissen, worum
es ihrer Führungskraft geht.

Das Team kann sich auf seine
Führungskraft und deren An-
und Aussagen verlassen.

Es hat keine Angst vor
unerwarteten Reaktionen seiner
Führungskraft.

**Das Team kann sich auf
Inhalte und Aufgaben richtig
einstellen und konzentriert
seiner Arbeit nachgehen.**

Vier wirkungsvolle Tipps für die Anwendung

Tipp 1:
Sich selbst WIRKLICH über eigene Erwartungen klar sein

Welches Ziel wollen Sie mit Ihrem Team erreichen? Welche Spielregeln der Zusammenarbeit gelten für Ihre Mitarbeiter? Welche Rahmenbedingungen sind für Sie gesetzt und unumstößlich? Die eigene Klarheit geht immer der Klarheit Ihres Teams voraus – oder andersherum ausgedrückt: Wenn Sie sich nicht klar sind, wie kann es Ihr Team dann sein? Deshalb ist es essenziell, dass Sie sich intensiv mit Ihren Erwartungen auseinandersetzen, da diese schließlich auch eingehalten werden sollen. Bevor Sie Ihren Mitarbeitern gegenüber klar und berechenbar auftreten können, muss Ihnen selbst klar sein, was Sie genau erwarten. Dies schafft nicht nur Verlässlichkeit in den Augen Ihrer Mitarbeiter, sondern auch Authentizität in der Kommunikation.

Tipp 2:
Konsistenz ist wichtiger als Kreativität

Unsere Kreativität stellt im Führungsalltag eine große Versuchung dar. Je kreativer wir als Führungskräfte sind, desto leichter untergraben wir unsere Berechenbarkeit. Denn tatsächlich sorgt diese Kreativität schnell für die Änderung von Zielen, Regeln und Rahmenbedingungen. Dies kann im Einzelfall tatsächlich Vorteile bringen, zwingt jedoch das System jedes Mal zu einer Neuausrichtung. Deshalb ist es wichtiger, konsistent und berechenbar als kreativ zu sein. Gleiches gilt für unseren Umgang mit Emotionen. Sie sind als Anlass für Führungsaktivitäten ebenso Fehl am Platz wie Spontaneität. Es gilt, Ad-hoc-Management zu vermeiden. Führen Sie stattdessen über die Ratio und schaffen Sie Distanz zu Situationen, um Objektivität in Ihrem Handeln zu ermöglichen.

Tipp 3:
Ein „erweitertes Verständnis" hilft immer

Der englische Satz "The source of commitment is enlarged understanding" (Übersetzung: Die Quelle von Leistungsbereitschaft ist ein erweitertes Verständnis) beschreibt einen wichtigen Faktor des Wirkungsprinzips *Führung braucht Klarheit.*. Denn tatsächlich geht es nicht um Knappheit in Ihren Ansagen, sondern um Klarheit beim Verstehen. Es ist also nicht vorrangig eine Frage der Effizienz, sondern vor allem der Effektivität, die Sie erzielen wollen. Und ein „erweitertes Verständnis" der Sachzusammenhänge ist für Mitarbeiter dabei ein hohes Gut. Deshalb ist es entscheidend, dass Ihr System alles zum Thema Ziele und Rahmenbedingungen von Ihnen erfährt und damit auch offiziell weiß: Wo wollen wir als Team hin? Was ist auf diesem Weg opportun? Klarheit sagt nichts über Ihre Rhetorik aus, sondern vorrangig über den Inhalt und die Substanz der von Ihnen vermittelten Themen. Setzen Sie daher Ziele, Regeln und Rahmenbedingungen stets verbindlich fest und kommunizieren Sie diese dann zusammen mit Informationen und Hintergründen zum größeren Kontext.

Tipp 4:
Keine Angst vor harten Worten haben

Als Führungskraft sollten Sie auch unangenehme Dinge klar formulieren und deutlich an- und aussprechen. Tatsächlich gilt: Auch das, was Sie nicht aussprechen wollen, existiert in Ihrem Team bereits. Es „schwirrt" implizit umher. Sprechen Sie die Dinge daher lieber direkt an. Das beste Feedback ist das, was im Zweifelsfall auch mal heftig, aber vor allen Dingen immer eindeutig ist. Ein einmaliges, starkes Gewitter ist besser als andauernder Nieselregen.

Fünf mögliche Fallen bei der Umsetzung

Falle 1:
Harmoniebedürftig sein

Sind Sie als Führungskraft auf Harmonie bedacht, werden Sie nicht in allen Situationen klar und berechenbar agieren. Denn ein Führungsstil, der sich nur an der Harmonie im Team ausrichtet, wird zwangsläufig „schwammig" und indirekt sein und schafft damit keine klare Orientierung für das System. Es gibt immer Entscheidungen, die getroffen werden müssen, um die Ordnung im Team aufrechtzuhalten. Jede Entscheidung bringt Befindlichkeiten mit sich. Diese Befindlichkeiten können sicherlich auch eine temporäre Disharmonie auslösen, doch davon dürfen Sie sich nicht beirren lassen, wenn Sie wirklich wirkungsvoll führen wollen. Gerade harmoniebedürftige Führungskräfte werden im System häufig als „Fähnchen im Wind" wahrgenommen und sorgen so für Verwirrung, Inkonsequenz, Favoritentum und somit letztlich sogar für Disharmonie – also für genau das, was sie eigentlich vermeiden wollen.

Falle 2:
Zu viel implizit voraussetzen

Als Führungskraft müssen Sie Ihre Erwartungshaltung und Ihre Spielregeln stets explizit vermitteln. Sie haben die Verantwortung, dass die Ziele in Ihrer Organisation erreicht werden. Dafür ist es unerlässlich, dass Sie Klarheit bei Ihren Mitarbeitern schaffen. Dazu gehört aber auch, dass Sie nicht zu viel implizit voraussetzen. Selbst wenn Sie der Meinung sind, dass Ihre Mitarbeiter bestimmte Ziele, Rahmenbedingungen und Regeln von sich aus kennen müssten, heißt das nicht, dass dem auch so ist. Selbst eine „gute Kinderstube" gilt es, im Miteinander nicht vorauszusetzen, sondern explizit von allen einzufordern.

Falle 3:
Angst haben, die Mitarbeiter durch Klartext zu demotivieren

Sollten Sie mit der Leistung eines Mitarbeiters nicht zufrieden sein oder gewünschte Fähigkeiten nicht erkennen, müssen Sie dies klar und bestimmt ansprechen. Natürlich sorgt ein Kritikgespräch dafür, dass Sie Betroffenheit bei Ihrem Mitarbeiter auslösen. Doch der Klartext und die damit verbundene Klarheit demotiviert Ihren Mitarbeiter nicht – im Gegenteil! Für den Moment mag er empfindlich reagieren, aber er bekommt damit auch die Chance, Sie als seinen Vorgesetzen vom Gegenteil zu überzeugen. Unklarheit hingegen schafft Unsicherheit und reduziert die Chance zur persönlichen Weiterentwicklung.

Falle 4:
Sorge haben, als „So ist er ..." abgestempelt zu werden

Haben Sie Angst vor Sätzen Ihrer Mitarbeiter wie „Tja, so ist er eben ..."? Diese gehören zu den größten Komplimenten, die eine Führungskraft bekommen kann! Sie müssen sich Ihren Ruf schließlich erst erarbeiten. Sehen Sie das „Abstempeln" also als Kompliment. Je mehr Ihnen ein Ruf vorauseilt, desto klarer und berechenbarer sind Sie offensichtlich. Das macht es auch neuen Mitarbeitern leichter, sich auf Sie einzustellen.

Falle 5:
Hinter Ironie und Sarkasmus verstecken

Die Versuchung ist groß, rhetorische Mittel wie Ironie, Sarkasmus oder Zynismus einzusetzen. Doch alle drei haben in der Führungsarbeit nichts zu suchen. Als Führungskraft kommen Sie nicht authentisch rüber, wenn Sie dazu neigen, Ironie oder Sarkasmus zu verwenden. Es muss nicht alles locker und lustig sein. Die Dinge müssen einfach „nur" klar sein.

Typische Fragen aus der Praxis

Was mache ich, wenn ich mir selbst nicht über meine Erwartungen klar bin?

Kommunizieren Sie diese Unklarheit offen gegenüber Ihren Mitarbeitern! Sie schaffen damit das nachhaltige Empfinden von Verlässlichkeit. Denn Ihre Mitarbeiter bekommen auf diese Weise mit, dass Sie auch in schwierigen Situationen ehrlich und transparent sind. Indem Sie sogar eigene Unklarheiten offen kommunizieren, sorgen Sie für eine Sicherheit im Umgang miteinander und reduzieren Flurfunk und Gerüchteküchen.

Ich selbst hatte vor einigen Jahren Ängste um die Zukunft meines damaligen Unternehmens. In einem Teammeeting habe ich diese Ängste offen mitgeteilt. Im Anschluss hatte ich große Sorge, dass ich meine Mitarbeiter demotiviert haben könnte. Doch das Gegenteil war der Fall: Meine Mitarbeiter sind zu mir gekommen und haben sich für die ehrlichen Worte bedankt. Im Endeffekt haben sie durch dieses Meeting eine große Zuversicht bekommen, dass die Ziele gemeinsam erreicht werden können. Meine Offenheit hat sozusagen das Fundament für ihre Sicherheit geschaffen.

Sorgt meine Berechenbarkeit nicht für eine Lethargie im Team?

Es gab eine Zeit, in der Führungskräften vermittelt wurde, sie sollten möglichst unberechenbar sein, damit das System stets auf der Hut sei und „auf Zehenspitzen laufe". Die Annahme dahinter war, dass Unberechenbarkeit dafür sorgt, dass Sie keine Komfortzone für das System zulassen. Doch das hat damit in Wahrheit gar nichts zu tun. Es sollte Ihnen als Führungskraft vor allem darum gehen, dass Sie Ihre Erwartungen klar vermitteln und managen. Auch wenn ich berechenbar bin, kann ich als Führungskraft hohe Anforderungen stellen und damit ein Maximum an Dynamik im Team erzielen. Berechenbarkeit hat also nichts damit zu tun, eine angebliche Komfortzone zu erschaffen. Ein klares und transparentes Erwartungsmanagement ist stattdessen sogar der Schlüssel für Engagement. Wenn Ihre Mitarbeiter Ihre Erwartungen nicht erfüllen, dann müssen sie sich auch der entsprechenden Konsequenzen bewusst sein. Dies ist alles andere als ein Vorgehensmodell, das eine Komfortzonen-Haltung auslöst – solange Sie klar, berechenbar und verbindlich kommunizieren und auch agieren.

Was passiert, wenn ich selbst gegen ein Prinzip von mir verstoße?

Stellen Sie sich vor, dass Sie eine Spielregel oder eine verbindliche Vorgehensweise eindeutig proklamieren, dann aber einen schlechten Tag haben und Fehler begehen oder sich schlichtweg nicht an Ihre eigenen Prinzipien halten. Die Versuchung ist in so einem Fall groß, das eigene Fehlverhalten unkommentiert zu lassen und damit in der Öffentlichkeit einfach zu übergehen. Im Hinblick auf Ihre Wirkung als Führungskraft ist dies jedoch negativ. Seien Sie stattdessen im Umgang mit eigenen Fehlern ehrlich und transparent. Haben Sie einen Fehler gemacht, entschuldigen Sie sich dafür – beim einzelnen Mitarbeiter oder sogar beim ganzen Team. Diese Form von kritischer Selbstreflexion und Offenheit sorgt für einen positiven Effekt im Umgang miteinander und mit den vereinbarten Vorgehensweisen. Denn zur Klarheit und Berechenbarkeit einer wirkungsorientierten Führungskraft gehört eben auch, dass Sie sich kritisch selbst reflektieren und damit offen umgehen.

Ein Moment zur Selbstreflexion ...

WELCHE ZWEI NEGATIV-WIRKUNGEN FÜR DIE FÜHRUNGSKRAFT SIND FÜR MICH AM GRAVIERENDSTEN?

- ☐ Sie delegiert nicht klar genug und agiert damit nach dem Prinzip „Hoffnung".

- ☐ Sie ist von ihren Mitarbeitern enttäuscht, weil sie ihre Erwartungen nicht erfüllen.

- ☐ Ihr Ansehen sinkt, da man sie als „schwammig" und manchmal sogar als „rückgratlos" empfindet.

- ☐ Sie überlässt vieles dem Zufall und schafft damit Unsicherheiten und Ineffizienzen.

WELCHE ZWEI NEGATIV-WIRKUNGEN FÜR DAS TEAM SIND FÜR MICH AM KRITISCHSTEN?

- ☐ Die Mitarbeiter sind unsicher, wie sie mit den avisierten Anforderungen umgehen sollen.

- ☐ Das Team hat das Gefühl, es müsse für seine Führungskraft mitdenken.

- ☐ Es muss fehlende Klarheit durch eigene Interpretation selbst erzeugen.

- ☐ Das Team erhält keine verbindliche Orientierung, was genau gewünscht ist.

WELCHER TIPP WAR FÜR MICH AM WIRKUNGSVOLLSTEN?

☐ Sich selbst WIRKLICH über eigene Erwartungen klar sein

☐ Konsistenz ist wichtiger als Kreativität

☐ Ein „erweitertes Verständnis" hilft immer

☐ Keine Angst vor harten Worten haben

WELCHE FALLE IST FÜR MICH AM HERAUSFORDERNDSTEN?

☐ Harmoniebedürftig sein

☐ Zu viel implizit voraussetzen

☐ Angst haben, die Mitarbeiter durch Klartext zu demotivieren

☐ Sorge haben, als „So ist er …" abgestempelt zu werden

☐ Hinter Ironie und Sarkasmus verstecken

WAS NEHME ICH MIR FÜR DIE ZUKUNFT KONKRET VOR?

DAS
SYSTEM
LERNT –
IMMER!

Nutzen und Einsatz des Wirkungsprinzips

•

Wirkungsvolle Tipps für die Anwendung

•

Mögliche Fallen bei der Umsetzung

•

Typische Fragen aus der Praxis

•

Ein Moment zur Selbstreflexion ...

Nutzen und Einsatz des Wirkungsprinzips

Führungsarbeit ist in gewisser Hinsicht immer auch Erziehungsarbeit. Denn tatsächlich befindet sich ein System in einem kontinuierlichen Lernprozess – und zwar in Bezug auf die Vorgaben, Regeln, Rahmenbedingungen und Entscheidungen der Führungskraft. Dabei geht es jedoch nicht vorrangig um „inhaltliches", sondern um „innenpolitisches" Lernen. Es geht also vor allen Dingen um die Klärung der Frage: Was wurde von der Führungskraft gesagt und was ist tatsächlich gemeint? Und genau dieses Lernen führt dazu, dass sich das Team bestimmtes Verhalten erlaubt und anderes verkneift. Durch die Kongruenz Ihrer Worte und Ihres Handelns erziehen Sie Ihr System entweder in die von Ihnen gewünschte Richtung (gesagt = gemeint) oder in eine Ignoranz der von Ihnen deklarierten Vorgaben („Gesagtes wird ja sowieso nicht wirklich verfolgt oder beibehalten ...").

Dabei gilt: Ein System lernt immer – ob wir wollen oder nicht. Ein einfaches Beispiel: Wenn Sie ein Meeting für 8:00 Uhr ansetzen und auch pünktlich beginnen, lernt das System, dass in diesem Fall das Gesagte auch das Gemeinte ist. Fangen Sie jedoch entgegen Ihrer eigentlichen Ankündigung später an, lernt das System, dass sagen und meinen nicht übereinstimmt. Genau das ist kritisch. An dieser einfachen Situation wird die Mechanik dieser „Erziehung" deutlich: Ihre Mitarbeiter fragen sich schlichtweg, ob sie Ihre Anweisungen anders interpretieren können oder sogar sollen. Als Führungskraft erziehen Sie auf diese Weise Ihr System. Natürlich ist dies keine Erziehung für das Leben, aber zumindest eine für das gewünschte oder tolerierte Agieren innerhalb Ihres Teams.

Deshalb gilt: Als Führungskräfte erziehen wir unsere Mitarbeiter zur Pünktlichkeit oder Unpünktlichkeit, zur Kreativität oder Lethargie, zur Fokussierung oder Diffusität, zur Lösungsorientierung oder

Problemfokussierung usw. Das System lernt dabei, wie konsequent wir als Führungskräfte agieren – also, ob wir das, was wir sagen, durch unser Handeln und Einfordern untermalen (oder eben nicht).

Wir suchen als Menschen immer nach Orientierung, vor allem in einem hierarchischen System. Wird diese Orientierung nicht explizit und verlässlich durch die höheren Hierarchieebenen gegeben, setzen wir uns die Grenzen selbst. Für Sie als Führungskraft hat das schwerwiegende Folgen. Denn wenn Ihr System in eine falsche Richtung lernt, wird es schwer, dies später wieder umzukehren. Einmal Gelerntes wird zur Gewohnheit und diese wieder abzulegen, ist nur schwerlich möglich. Deshalb ist es wichtig, dass Sie für sich klären: Wohin will ich mein System erziehen? Ein Team geht gerne den einfacheren Weg. Ist der richtige Weg aber beschwerlich oder ungewohnt, sind Sie als Führungskraft gefragt, Ihr System konsequent in diese Richtung zu lenken. Ich kann mich nicht beschweren, wenn mein Team nicht funktioniert. Der Fisch stinkt immer vom Kopf und der Kopf sind in diesem Fall Sie! Für die Erziehung eines Systems gelten folgende Grundregeln, die Sie beachten sollten, denn: **Das System lernt – immer!**

1. Die Führungskraft ist letztlich immer derjenige, der penetranter ist, und nicht der, der die Funktion innehat. Haben Sie also keine Angst, sich über Hartnäckigkeit durchzusetzen.

2. Machtkämpfe müssen von Ihnen gewonnen werden.

3. Seien Sie in Ihren Vorgaben und Grenzen konsequent. Leben Sie sie vor. Fordern Sie sie ein. Und sorgen Sie dafür, dass jeder sie einhält.

4. Beim Einhalten der Erwartungen sollte es positive Rückkopplung geben, Verstöße gegen Vorgaben müssen Konsequenzen haben.

Eine vereinfachte Situation

Die Führungskraft ist neu in der Organisation und setzt ein Kennenlern-Meeting an.

Sie erklärt den Mitarbeitern, was ihr in der künftigen Zusammenarbeit besonders wichtig ist.

Tatsächlich hält sich die Führungskraft aber in der Folge nicht an ihre eigenen Aussagen.

Die Mitarbeiter werden von ihrer neuen Führungskraft zu einem Kennenlern-Meeting gerufen.

Sie hören ihrer Führungskraft aufmerksam zu.

Nach einiger Zeit stellen sie fest, dass die Führungskraft nicht das, was sie gesagt hat, auch wirklich umsetzt.

Die Führungskraft hat ihr System in die falsche Richtung erzogen!

Die negative Wirkung für die Führungskraft:

Sie hat keine Klarheit in ihr System gebracht.

Sie hat dadurch Kraft und Ansehen im Team verloren.

Sie hat sich selbst als inkonsistent und damit nicht verlässlich porträtiert.

Sie hat Ihr Team „erzogen", dass das Gesagte letztlich doch nicht das Gemeinte ist.

**Die negative Wirkung für
das Team:**

Die Mitarbeiter sind sich auch
bei zukünftigen „Ansagen"
der Führungskraft nicht über
die Gültigkeit dieser Vorgaben
sicher.

Das Team fragt sich sogar, wie
weit es die Ankündigungen
ernstnehmen soll oder sogar
dagegen verstoßen kann.

Es respektiert seine
Führungskraft nicht als
Rahmengeber.

**Das Team muss letztlich die
Vorgaben und den Rahmen
selbst interpretieren und hat
keine klare Orientierung.**

Mit *„Das System lernt – immer!"* wäre es besser gelaufen ...

Die positive Wirkung für die Führungskraft:

Sie schafft verbindliche Orientierung für Ihr System.

Das Team nimmt die „Ansagen" als Vorgaben ernst.

Es besteht Klarheit in der gegenseitigen Erwartung und damit auch eine Basis für ein Vertrauensverhältnis.

Sie wird als Führungskraft respektiert und akzeptiert.

Die positive Wirkung für das Team:

Alle Mitarbeiter wissen, woran sie bei ihrer Führungskraft sind.

Das Team kann sich schnell und leicht auf Vorgaben einstellen, da diese verbindlich und interpretationslos sind.

Es empfindet seine Führungskraft als „gerade" und respektiert sie deshalb.

Das Team konzentriert sich auf das, was es auch wirklich umsetzen muss und nicht auf mögliche Interpretation.

Vier wirkungsvolle Tipps für die Anwendung

Tipp 1:
Führungskraft statt Gutmensch sein

Diese Begriffe schließen sich im Führungskontext gegenseitig aus. Das typische „Gutmensch"-Verständnis sieht vor, es tatsächlich allen Beteiligten immer recht machen zu wollen. Dieses Vorhaben funktioniert als Führungskraft niemals. Ihre Aufgabe ist es, Entscheidungen zu treffen und Rahmen, Vorgaben und Spielregeln zu setzen. Es dabei allen recht zu machen, ist ein Ding der Unmöglichkeit. Als Führungskraft obliegt es nun einmal Ihrer Verantwortung, eine klare Richtung vorzugeben, Ihre Erwartungen für die Zusammenarbeit zu kommunizieren und diese dann auch im Alltag zu leben und einzufordern. Werden Sie am Ende doch noch „weich", gehen Sie mit Ihrem System den gegenteiligen Weg. Ihr System lernt dann, dass Sie als Führungskraft schlichtweg nicht das meinen, was Sie sagen. Und das ist ein dramatischer Lerneffekt.

Tipp 2:
Schnelle Kurskorrektur statt langem Warten

Wenn Sie als Führungskraft Vorgaben setzen, dürfen Sie mögliche Konsequenzen bei einem Fehlverhalten nicht auf die lange Bank schieben. Sie sollten schnell agieren, damit Sie die gewünschte Wirkung erzielen. Eine schnelle Korrektur und damit auch zeitnahe Konsequenzen sorgen dafür, dass Ihr System lernt, was Ihnen WIRKLICH wichtig ist. Sie lassen dem System keine Spielräume für Interpretation und sorgen damit für Orientierung und Klarheit. Dies verlangt allerdings von Ihnen, dass Sie sich konsequent und verlässlich für das „Gesagte" einsetzen. Denn letztlich sind Sie für die Dynamik in Ihrem Team verantwortlich – und diese basiert auf Ihrer Konsequenz und Verlässlichkeit.

Tipp 3:
Mitarbeiter „erwischen" wollen

Um einen optimalen Wirkungsgrad zu erzielen, müssen Sie als Führungskraft immer nah am Geschehen sein. Dabei geht es natürlich nicht um Mikro-Management, sondern stattdessen vor allem darum, Ihre Mitarbeiter in wichtigen Situationen zu „erwischen". Allerdings ist „erwischen" nicht nur im negativen, sondern auch im positiven Sinne gemeint. Denn gerade Letzteres ist eine äußerst hilfreiche Form, um gewünschtes Verhalten noch weiter zu bestärken. Bestätigen Sie zeitnah und klar, dass das von Ihnen erlebte Verhalten so genau auch gewünscht ist. Auf diese Weise lassen Sie keine Zweifel aufkommen, was Sie wirklich haben wollen, und Ihr System hat schnelle, direkte Lerneffekte.

Tipp 4:
Zeit investieren, um Zeit zu sparen

Bei der „Erziehung" eines Systems setzt der Anfang die Struktur. Je mehr ich zu Beginn in die Klärung des gewünschten Verhaltens investiere, desto mehr Aufwand spare ich für eine spätere Korrektur. Und umgekehrt gilt: Je weniger ich am Anfang dafür tue, desto mehr bezahle ich im späteren Verlauf dafür. Im privaten Umfeld wird uns dies klar vor Augen geführt: Es ist ein vergebliches Bemühen, mit der Kindererziehung erst während der Pubertät zu beginnen. Ähnliches gilt auch im beruflichen Kontext. Wenn ich zu Beginn einer Zusammenarbeit das System sich selbst überlasse, agiere ich als Führungskraft äußerst unglücklich. Denn: In eine Richtung lernen funktioniert gut, das einmal Gelernte später in die andere Richtung umzudrehen ist jedoch schwierig und zeitaufwendig. Investieren Sie daher lieber am Anfang Zeit, um im Anschluss Zeit zu sparen.

Fünf mögliche Fallen bei der Umsetzung

Falle 1:
„Heute mache ich mal eine Ausnahme."

Natürlich kommt es im Alltag immer wieder vor, dass wir als Führungskräfte trotz klarer Vorgaben eine Ausnahme erlauben wollen. Die eigene Tagesform oder die der Mitarbeiter sind plausible Gründe dafür. Im Prinzip ist dies auch nicht weiter schlimm, allerdings wird die Ausnahme schneller zur Gewohnheit als man vermutet. Dies baut dann Unklarheit auf Seiten der Mitarbeiter auf: Ist das Gesagte immer noch das Gemeinte? Ihre Vorgaben müssen verlässlich gelten! Nur dann geben Sie Ihren Mitarbeitern die nötige Orientierung. Dies ist natürlich leichter gesagt als getan, denn wir sind als Führungskräfte auch „nur" Menschen und damit Schwankungen unterworfen. Es geht hier deshalb nicht darum, „perfekt" zu sein, sondern sich der eigenen Wirkung immer wieder bewusst zu werden. Denn unser System lernt – immer! Und dies gilt es, so gut wie möglich zu steuern.

Falle 2:
Angst vor Konflikten

Wenn ich als Führungskraft Vorgaben mache, muss ich mich potenziellen Konflikten stellen. Diese Konflikte sind jedoch nichts anderes als eine Art Test. Das System möchte herausfinden, ob das Gesagte auch das Gemeinte ist. Diesen Test muss ich als wirkungsorientierte Führungskraft bestehen, damit mein System die nötige Klarheit bekommt und sich sicher sein kann, dass ich auch „stabil" bin. Sind Sie damit erfolgreich, wird der Test (zunächst) nicht noch einmal aufkommen. Versuchen Sie dagegen diesem Test und damit möglichen und Auseinandersetzungen zu entgehen, wird das System Sie immer wieder herausfordern. Die Angst vor Konflikten sorgt tatsächlich für die meisten Konflikte in Systemen – und leider strahlen diese Art Konflikte dann negativ ins Team ab.

Falle 3:
Kein Fass aufmachen wollen

Als Führungskraft können Sie nicht nur über die großen Dinge „erziehen", sondern auch über die kleinen. Sätze wie „Das ist doch eine Kleinigkeit" sind daher gefährlich. Ihr System bekommt nur dann den Ernst Ihrer Vorgaben mit, wenn Sie auch auf Kleinigkeiten Wert legen.

Falle 4:
Rückdelegationen erliegen

Wenn Sie eine Aufgabe delegieren und im weiteren Verlauf ein zu großes Helfersyndrom entwickeln, lernt Ihr System auch das und spielt diese Karte gerne aus. Sind Sie Helfer oder sind Sie Führungskraft? Sie sind nicht vorrangig der Retter Ihrer Mitarbeiter. Ihre Mitarbeiter arbeiten für Sie und nicht umgekehrt. Dieses Verständnis sollten Sie sich aufbauen, um der Versuchung der Rückdelegation nicht zu erliegen.

Falle 5:
„Ich bin ein Teil des Teams."

Vorsicht: Als Führungskraft sind Sie kein Teil des Teams! Sie sind der Rahmengeber. Sehen Sie sich als Teil des Teams, werden Sie als Gleicher unter Gleichen agieren wollen. Das sorgt für Verwirrung, da es die Ordnung im System stört. Als Rahmengeber ist es Ihre Aufgabe, für Ziele und Sinn zu sorgen und gleichzeitig auch den Rahmen zu setzen und Verstöße zu sanktionieren. Und dies geht wirkungsorientiert nicht aus der Rolle der Nähe, sondern nur aus der Rolle der Distanz.

Typische Fragen aus der Praxis

Wie kann ich mein System umerziehen?

Hat Ihr System über Jahre hinweg einen bestimmten Umgang erlebt und damit bestimmte Verhaltensweisen „gelernt", ist es nicht einfach, es in eine andere Richtung zu erziehen. Damit Sie dennoch Erfolg haben, müssen Sie Ihre neuen Vorgaben zunächst explizit proklamieren und dann auch konsequent leben. Ein System lernt umso schneller um, je abrupter und kantiger die neuen Vorgaben in der täglichen Praxis dann auch positiv oder negativ sanktioniert werden, denn die Relevanz von Spielregeln wird erst durch die damit verbundenen Konsequenzen wirklich spürbar. Wichtig ist, dass Sie in dieser Phase sehr nah am Geschehen sind. Kursbestätigungen oder -korrekturen müssen direkt und zeitnah erfolgen.

Wie kann ich sicherstellen, dass alte Verhaltensweisen nicht wieder auftauchen?

Entscheidend ist, wie wichtig Ihnen die neue Ausrichtung WIRKLICH ist. Nur dann, wenn Sie sich konsequent für Ihre Vorgaben einsetzen, wird das System auch in der gewünschten Richtung verbleiben. Denn tatsächlich testet ein System ständig, ob das Gesagte der Führungskraft wirklich das Gemeinte ist. Diesen Test müssen Sie immer wieder bestehen. Nur so können Sie eine nachhaltige Ausrichtung Ihres Teams auf gewünschtes Verhalten auch langfristig sicherstellen.

Sorgt reduzierter Freiraum nicht für Demotivation?

Eine interessante Frage. Ein Freiraum braucht – wie das Wort schon sagt – einen Raum. Und diesen gilt es durch klare Grenzen und

Vorgaben erst einmal zu schaffen. Tatsächlich erzeugt völlige „Freiheit" eher das Empfinden von Diffusität, Haltlosigkeit und Unsicherheit. Führungskräfte, die klare Grenzen setzen, können innerhalb dieser dann Freiräume schaffen. Dies sorgt für Orientierung, Klarheit und damit auch für Motivation – insbesondere wenn die gesetzten Grenzen für alle Mitarbeiter gleichermaßen gelten und kein Favoritentum existiert.

Wie kann ich vermeiden, dass ich in eine falsche Richtung erziehe?

Hierzu müssen Sie sich zwei Fragen stellen: Was sind Aspekte in der Zusammenarbeit, die mir wirklich wichtig sind? Und was kann und will ich in meinem Team absolut nicht tolerieren? Diese beiden Fragen sind entscheidend. An ihnen orientieren sich die Grenzen, die Sie für Ihre Mitarbeiter setzen. Sie geben Ihnen die Richtung vor, in die Sie Ihr System erziehen müssen. So erhalten Sie eine gute Orientierung, wo Sie einschreiten müssen und wo Sie das Geschehen laufen lassen oder positiv bestärken können.

Wie kann ich es vermeiden, zu hart zu wirken?

Diese Frage stellt sich in diesem Kontext nicht. Denn tatsächlich geht es in der Führung von Menschen niemals um Härte, sondern immer um Klarheit. Dass diese Klarheit im Zweifelsfall auch mal weh tut und zu Disharmonien führen kann, liegt in der Natur der Sache. Allerdings ist es dabei besser, Sie sind klar und eindeutig als dass Ihr System hier in Unklarheit und „auf Eierschalen" um Sie herumtänzelt. Mitarbeiter können mit unangenehmen, klaren Botschaften immer noch besser umgehen als mit verklausulierter Weichspülerei. Lieber eine Führungskraft, die hart wirkt, aber klar und verlässlich ist, als jemanden, der nett erscheint, aber durch seine Diffusität letztlich für Verwirrung oder sogar implizite, rhetorisch geschickte Manipulation sorgt.

Ein Moment zur Selbstreflexion …

WELCHE ZWEI NEGATIV-WIRKUNGEN FÜR DIE FÜHRUNGSKRAFT SIND FÜR MICH AM GRAVIERENDSTEN?

- ☐ Sie hat keine Klarheit in ihr System gebracht.

- ☐ Sie hat dadurch Kraft und Ansehen im Team verloren.

- ☐ Sie hat sich selbst als inkonsistent und damit nicht verlässlich porträtiert.

- ☐ Sie hat Ihr Team „erzogen", dass das Gesagte letztlich doch nicht das Gemeinte ist.

WELCHE ZWEI NEGATIV-WIRKUNGEN FÜR DAS TEAM SIND FÜR MICH AM KRITISCHSTEN?

- ☐ Die Mitarbeiter sind sich auch bei zukünftigen „Ansagen" der Führungskraft nicht über die Gültigkeit dieser Vorgaben sicher.

- ☐ Das Team fragt sich sogar, wie weit es die Ankündigungen ernstnehmen soll oder sogar dagegen verstoßen kann.

- ☐ Es respektiert seine Führungskraft nicht als Rahmengeber.

- ☐ Das Team muss letztlich die Vorgaben und den Rahmen selbst interpretieren und hat keine klare Orientierung.

WELCHER TIPP WAR FÜR MICH AM WIRKUNGSVOLLSTEN?

- ☐ Führungskraft statt Gutmensch sein

- ☐ Schnelle Kurskorrektur statt langem Warten

- ☐ Mitarbeiter „erwischen" wollen

- ☐ Zeit investieren, um Zeit zu sparen

WELCHE FALLE IST FÜR MICH AM HERAUSFORDERNDSTEN?

- ☐ „Heute mache ich mal eine Ausnahme."

- ☐ Angst vor Konflikten

- ☐ Kein Fass aufmachen wollen

- ☐ Rückdelegationen erliegen

- ☐ „Ich bin ein Teil des Teams."

WAS NEHME ICH MIR FÜR DIE ZUKUNFT KONKRET VOR?

SPIELREGELN
SETZEN,
SPIELREGELN
DURCHSETZEN.

Nutzen und Einsatz des Wirkungsprinzips

•

Wirkungsvolle Tipps für die Anwendung

•

Mögliche Fallen bei der Umsetzung

•

Typische Fragen aus der Praxis

•

Ein Moment zur Selbstreflexion ...

Nutzen und Einsatz des Wirkungsprinzips

Stellen Sie sich ein Gesellschaftsspiel vor. Typischerweise gibt es genau zwei Stellen, bei denen es im Verlaufe des Spiels so richtig Ärger und Verstimmungen gibt:

1. Es taucht plötzlich eine Spielregel auf, die vorher nicht bekannt war.

2. Ein Mitspieler schummelt. Und obwohl er offensichtlich gegen eine Spielregel verstößt, kommt er ohne Sanktion davon.

Natürlich ist Führung viel komplexer als ein Gesellschaftsspiel. Tatsächlich treten aber die beiden genannten Fälle auch in der Führungsarbeit auf und sorgen für empfindliche Störungen in Ihrem System. In beiden Situationen geht es ursächlich um den Umgang mit Spielregeln der Zusammenarbeit im Team. Diese Regeln gilt es nachdrücklich zu SETZEN und dann auch tatsächlich im täglichen Arbeitsumfeld DURCHZUSETZEN.

In der Entwicklung von Teams spricht man häufig von vier klassischen Phasen, die ein Team durchlaufen kann: **Phase 1 – Forming:** Die Phase der erstmaligen oder neuerlichen Formierung eines Teams. **Phase 2 – Storming:** Damit ist die Phase der Machtkämpfe und Konflikte gemeint, egal ob diese eher kleinerer oder größerer Natur sind. **Phase 3 – Norming:** In dieser Entwicklungsphase normalisiert sich das Miteinander und pendelt sich langsam ein. Und **Phase 4 – Performing:** Das ist dann endlich die Phase der optimalen Zusammenarbeit im Team.

Bei der Betrachtung der verschiedenen Reifegrade und Entwicklungsphasen eines Teams geht es jedoch weniger darum, den Status quo der jeweiligen Teamsituation zu bewerten. Stattdessen sollten Sie sich als Führungskraft über die notwendige Intervention

Gedanken machen, die Ihr Team von der einen in die nächste Phase „hineinentwickelt". Diese Interventionen haben vorrangig mit dem Einsatz und der gezielten Nutzung von Spielregeln zu tun. Tatsächlich ist es nämlich so, dass Sie ein Team gesteuert von der Forming- in die Storming-Phase führen können, indem Sie Ihre Spielregeln explizit setzen. Dies sorgt umgehend für ein „vertikales" Storming mit Ihnen als Führungskraft. Mit anderen Worten: Die von Ihnen proklamierten Spielregeln werden darauf getestet, ob sie auch wirklich gelten.

Der Weg rein in die Storming-Phase ist also leicht umsetzbar. Die Frage ist jedoch, wie Sie Ihr Team aus dem Storming heraus in die Norming-Phase führen können – und die grundsätzliche Antwortet darauf lautet: Indem Sie Ihre Spielregeln konsequent durchsetzen. Spielregeln SETZEN bringt Ihr Team ins Storming, Spielregeln DURCHSETZEN führt es dort wieder heraus und in die nächste Phase: Norming. Das mag einfach klingen, ist in der Realität jedoch anstrengend und herausfordernd. Das Durchsetzen von Spielregeln erfordert von Ihnen als Führungskraft Mut, Konsequenz und Konfliktbereitschaft. Erst wenn diese Phase beendet ist, erkennt ein Team die Spielregeln, Strukturen und Vorgaben verbindlich an. Nun kann durch ein „leichtes Lockern" der letzte Schritt erfolgen und die Entwicklung in den Performing-Status erreicht werden.

Es gilt also: setzen, durchsetzen und erst dann leicht lockern. So hat Ihr System absolute Klarheit über Ihre Erwartungen und die gesetzten Rahmenbedingungen. Diese Klarheit erzeugt Motivation, die sich auch im Erfolg Ihres Teams widerspiegelt. Ihre Spielregeln müssen nicht jedem gefallen, aber dadurch, dass sich jeder an sie halten muss, entsteht ein respektvoller Umgang in Ihrem Team. Wenn jeder Mitarbeiter weiß, dass eine Missachtung mit Konsequenzen verbunden ist, schaffen Ihre Spielregeln Homogenität in Ihrem Team. Für Sie als Führungskraft ist entscheidend: **Spielregeln setzen, Spielregeln durchsetzen.**

Eine vereinfachte Situation

Die Führungskraft fordert einen verbindlichen Umgang mit To-do-Listen.

Tatsächlich werden jedoch vereinbarte Termine von einzelnen Mitarbeitern immer wieder deutlich überschritten.

Dies wird von der Führungskraft toleriert und hat keine Konsequenzen.

Spielregeln setzen, Spielregeln durchsetzen.

Die Mitarbeiter haben von ihrer Führungskraft deutliche Vorgaben zum Umgang mit To-do-Listen erhalten.

Letztlich haben sie aber gelernt, dass die Vorgaben später doch nicht eingefordert werden.

Sie nutzen diese Erkenntnis und kümmern sich nicht um die tatsächliche Einhaltung dieser Spielregel.

Die Führungskraft hat zwar eine Spielregel gesetzt, aber nicht durchgesetzt!

Die negative Wirkung für die Führungskraft:

Sie wird von ihren Mitarbeitern letztlich nicht ernstgenommen.

Sie verliert damit den Respekt innerhalb ihres Teams.

Einzelne Mitarbeiter dominieren die Führungskraft, da sie ihre eigene Interpretation der Spielregel ohne negative Konsequenzen durchsetzen können

Die Effizienz ihres Teams geht verloren.

Spielregeln setzen, Spielregeln durchsetzen.

**Die negative Wirkung für
das Team:**

Die Mitarbeiter erhalten keine
klare Orientierung.

Das Team merkt, dass bestimmte
Mitarbeiter favorisiert werden,
da sich diese nicht an die
Spielregeln halten müssen.

Es empfindet seine
Führungskraft als schwammig
und „ohne Rückgrat".

**Die Motivation im Team sinkt
und das Storming gegen
Spielregeln der Führungskraft
wird bestärkt.**

Mit *„Spielregeln setzen, Spielregeln durchsetzen."* wäre es besser gelaufen ...

Die positive Wirkung für die Führungskraft:

Jeder im Team weiß, das ihre Spielregeln verbindlich für alle gelten.

Sie kann damit Anforderungen schneller durchsetzen.

Sie schafft durch ihre Spielregeln sowohl eindeutige Grenzen wie auch klare Freiräume.

Ihr Team ist erfolgreicher, weil fokussierter.

**Die positive Wirkung für
das Team:**

Die Mitarbeiter wissen, dass die
Spielregeln verbindlich gelten –
und zwar für alle.

Das Team hat deshalb Respekt
vor seiner Führungskraft.

Es hat das Empfinden, sich auf
die Führungskraft verlassen zu
können.

**Das Team erhält durch die
verbindlichen Spielregeln
Klarheit und damit auch
Motivation.**

Vier wirkungsvolle Tipps für die Anwendung

Tipp 1:
Checkfrage: Was ist mir WIRKLICH in der Zusammenarbeit wichtig?

Dieser Tipp zielt vor allen Dingen auf die KRAFT Ihrer Spielregeln der Zusammenarbeit ab. Tatsächlich sollte diese Frage von Anfang an im Fokus stehen, denn nur dann können Ihre Spielregeln kontinuierlich zur Orientierung herangezogen werden. Sie müssen Ihnen auch WIRKLICH etwas bedeuten. Wie sehen die wichtigen Grundregeln zur Zusammenarbeit in Ihrem Team aus? Welches Verhalten möchten Sie von Ihren Mitarbeitern zwingend untereinander, gegenüber Ihnen, Kunden oder anderen Teilen der Organisation sehen? Je klarer Sie diese Spielregeln definieren, desto schneller kann sich ein System darauf einstellen – allerdings nur dann, wenn Sie auch bereit sind, sich dafür nachdrücklich einzusetzen. Wir kämpfen nicht intensiv für etwas, wenn es uns nicht WIRKLICH wichtig ist. Deshalb ist es entscheidend, dass Sie für sich zwischen Sofa-Spielregeln (hören sich gut an) und Ihren echten Spielregeln (dafür bin ich bereit, zu kämpfen) unterscheiden.

Tipp 2:
Spielregeln so schnell und klar wie möglich setzen

Ein neuer Mitarbeiter kommt in Ihr Team. In dieser Situation ist es wichtig, dass Sie diesem neuen Mitarbeiter Ihre Spielregeln so früh wie möglich klarmachen. Der Zeitpunkt kann dabei sogar schon das Vorstellungsgespräch sein, spätestens jedoch sein erster Arbeitstag in Ihrem Team. Vermitteln Sie dem Mitarbeiter eindeutig, was Ihnen in der Zusammenarbeit mit Ihnen, innerhalb Ihres Teams, mit Kunden und anderen Teilen der Organisation wichtig ist. Sie ermöglichen ihm so, sich schnell auf das gewünschte Verhalten einzustellen und geben sich selbst die Möglichkeit, zeitnah durch Lob entsprechende Kursbestätigungen und durch Kritik die notwendigen Kurskorrekturen vorzunehmen.

Tipp 3:
Keine Angst vor Penetranz bei Ihren Spielregeln

Die Spielregeln der Zusammenarbeit bieten die kulturelle Orientierung in einem System – egal, ob Sie als Werte, Grundsätze oder Prinzipien deklariert sind. Nur durch verbindlich vermittelte Spielregeln wissen die Mitarbeiter von Anfang an, wie sie sich innerhalb des Systems verhalten sollen. Der Erfolg von Spielregeln setzt allerdings erst dann ein, wenn Sie diese wirklich penetrant forcieren. Eine Spielregel einmal zu kommunizieren bringt nicht viel. Sie müssen Ihre Regeln immer wieder setzen und durchsetzen. Nur so wird jedem Mitarbeiter in Ihrem System klar, wie wichtig Ihnen die beschriebene Form der Zusammenarbeit ist.

Tipp 4:
Erst kurze, dann längere Leine

Dieser Tipp mag schon sehr alt sein, doch er gilt immer noch. Sie können ein System nicht zielgerichtet steuern, wenn Sie es sich selbst überlassen und dadurch dann ein horizontales Storming, also ein Storming innerhalb des Teams, zulassen. Sorgen Sie stattdessen dafür, dass die Storming-Phase vertikal mit Ihnen als Führungskraft geschieht und nicht horizontal innerhalb des Teams. Dazu müssen Sie Ihre Vorstellungen klar vermitteln und sich dem vertikalen Storming mutig und konsequent stellen. Werden Ihre Spielregeln schließlich akzeptiert und eingehalten, können Sie etwas mehr Abstand nehmen und die Spielregeln leicht lockern. Auch wenn es anfangs sicherlich anstrengend ist, werden Sie merken, dass Ihnen dieses Vorgehen Ihre Arbeit auf Dauer deutlich erleichtert.

Vier mögliche Fallen bei der Umsetzung

Falle 1:
Die Kreativität der Mitarbeiter bei Ausreden

Mitarbeiter sind kreativ – aber manchmal zeigt sich diese Kreativität vor allen Dingen beim Finden von Ausreden. Dies erkennt man dann auch in der „situativen Auslegung" von bekannten Spielregeln. Einen Satz wie „Ach so, das habe ich so nicht verstanden" haben wir als Führungskräfte sicherlich alle schon gehört und dies muss man auch nicht dramatisieren. Dennoch ist es wichtig, dass Sie sich als Führungskraft die Frage stellen: Ist das Verstehen meiner Spielregeln eine Hol- oder eine Bringschuld? Es kann durchaus sein, dass Sie sich nicht deutlich genug ausgedrückt haben. Nur warum gab es von Ihrem Mitarbeiter keine Verständnisfrage? Ihre Mitarbeiter sollen sich mit Ihren Spielregeln auseinandersetzen, denn sie haben die Verantwortung, Ihre Regeln auch zu verstehen. Das Zurückziehen auf „Missverständnisse" ist ein Zeichen von fehlendem Engagement. Verständnisklärung ist immer zuerst eine Holschuld des Mitarbeiters und dann eine Bringschuld der Führungskraft.

Falle 2:
„Vor Ihnen war alles besser!"

Die Konfrontation mit dem Vergleich zu einer offensichtlich besseren Vergangenheit ist im Führungsalltag nicht untypisch. Die Botschaft „Vor Ihnen war alles besser!" kann dabei implizit oder sogar explizit gesendet werden. Vergleiche zu „früher" sind völlig normal. Wir alle haben in gewissen Situationen eine Veränderungsresistenz. Dies sorgt auch dafür, dass wir ein verklärtes Bild von der Vergangenheit haben. Eine Situation, die wir zum damaligen Zeitpunkt noch unglücklich empfunden haben, wird heute als ideal beschrieben. Wenn Sie ein neues Team mit Ihren

Spielregeln konfrontieren, wird der Vergleich zu früher als Form von Storming gerne eingesetzt. Aber es ist eben nicht mehr und nicht weniger als ein Storming.

Falle 3:
Ein Regelverstoß wird bagatellisiert

Wenn Sie einen Mitarbeiter auf einen Regelverstoß aufmerksam machen und dieser darauf genervt mit Worten wie „So dramatisch ist das doch nicht" reagiert, ist die Versuchung groß, dies als Kleinigkeit abzutun. Manchmal passiert es dann sogar, dass wir uns selbst hinterfragen, ob wir nicht zu pedantisch oder zu penetrant sind. Aber: Ein Spielregelverstoß darf nicht bagatellisiert werden, sonst wird die Wichtigkeit der Spielregel aufgeweicht. Machen Sie deutlich, dass Sie das, was Sie sagen, auch exakt so meinen. Tun Sie dies nicht, lernt Ihr System, dass es letztlich doch egal ist, ob es sich an Ihre Spielregeln hält oder nicht.

Falle 4:
Der Frosch-Effekt

Wir werden täglich mit diesem Effekt konfrontiert. Die Mitarbeiter weichen zuerst nur graduell, fast nicht wahrnehmbar, von den gesetzten Spielregeln ab. Dieser Prozess geht immer weiter, wobei die Abweichung von Mal zu Mal deutlicher wird, sodass die Spielregel am Ende ad absurdum geführt wird. Dies nennt man den Frosch-Effekt. Frösche springen sofort heraus, wenn man sie in einen Topf mit heißem Wasser legt. Setzt man sie jedoch in kaltes Wasser und erwärmt dieses langsam, bekommen sie die Veränderung der Temperatur nicht mit und werden schlussendlich gegart. Dieser Effekt lässt sich auch auf Führungskräfte übertragen. Sie lassen minimale Abweichungen zu und bekommen gar nicht mit, dass die Regeln irgendwann komplett gebrochen sind.

Typische Fragen aus der Praxis

Soll ich die Spielregeln gemeinsam mit meinem Team erarbeiten?

Nein. Dies ist zwar theoretisch ein schönes Vorgehensmodell, aber leider nicht wirklich praxistauglich. Denn letztlich muss es immer jemanden geben, der sich auch für die Durchsetzung der Spielregeln einsetzt. Als Führungskraft sollten das logischerweise Sie sein. Damit dies aber funktionieren kann, müssen Sie auch hinter den Regeln stehen. Erarbeiten Sie die Spielregeln gemeinsam mit Ihrem Team, kann es vorkommen, dass Sie bestimmte Regeln eben nicht „als Ihre" empfinden und nicht zu 100 Prozent hinter diesen stehen. Dies wird negative Effekte haben. Denn letztlich müssen Sie die Spielregeln verbindlich einfordern und Verstöße mit Konsequenzen ahnden, sonst werden die Regeln der Lächerlichkeit preisgegeben und außer Kraft gesetzt.

Was muss ich tun, wenn gegen eine Spielregel verstoßen wird?

Verstöße gegen Spielregeln müssen Konsequenzen nach sich ziehen. Dabei sollten Sie eine Bandbreite an Möglichkeiten in Ihrem „Köcher" haben. Konsequenzen können von einfachen Kritikgesprächen bis zur Entlassung eines Mitarbeiters im drastischsten Fall reichen. Dabei ist es wichtig, dass Sie schon mit der kleinsten Konsequenz (dem Kritikgespräch) so virtuos umgehen, dass Sie sich weitere, größere Konsequenzen möglichst sparen können. Dies ist aber nur möglich, wenn Sie einerseits Ihre Mitarbeiter sehr zeitnah „erwischen" und durch das Kritikgespräch eine Kurskorrektur einleiten. Andererseits müssen Ihre Kritikgespräche auch einen gewissen abschreckenden Charakter haben, damit sie überhaupt als Konsequenz empfunden werden. Das heißt: Sie müssen zwar sachbezogen und respektvoll, aber trotzdem in gewisser Weise unangenehm sein.

Wie häufig muss ich die Spielregeln wiederholen?

Auch wenn es sich komisch anhört, aber als Führungskraft sind Sie in diesem Fall wie eine Schallplatte mit Sprung. Sie müssen Ihre Regeln immer und immer wieder anbringen. Wer penetranter ist, ist am Ende auch die Führungskraft. Es geht darum, dass Ihr System Ihre Spielregeln vollständig verinnerlicht. Das geschieht vor allem dann, wenn ein Mitarbeiter gegen eine Regel verstößt und sie Ihre Konsequenzen auch tatsächlich durchziehen – angefangen bei einem entsprechenden Kritikgespräch. Vorher bleiben Regeln ein intellektuelles Konstrukt, erst mit entsprechenden Konsequenzen beginnen sie zu leben. Daher ist es umso wichtiger, dass Sie Verstöße ahnden. Erst dann verinnerlicht Ihr System, dass Sie Ihre Regeln wirklich so meinen. Gleichermaßen unterstützt auch das Loben beim Einhalten von Spielregeln diesen Effekt. In jedem Fall müssen Sie die „Schallplatte mit Sprung" sein.

Muss ich Hintergründe zu meinen Regeln erläutern?

Definitiv! Hierbei ist es jedoch wichtig, dass Sie für sich den Unterschied zwischen Erläuterung und Rechtfertigung klar im Fokus haben. Schildern Sie Ihren Mitarbeitern, was Sie mit dieser Regel erreichen wollen und wieso Sie Ihr gemeinsames Ziel mit dieser Regel besser verfolgen können. Rechtfertigen müssen Sie Ihre Regeln nicht. Das heißt, dass Sie sich vor Ihren Mitarbeitern nicht verteidigen müssen, wieso Sie eine bestimmte Regel überhaupt setzen. Erklären Sie die Hintergründe nach vorne und auf das Ziel ausgerichtet, nicht nach hinten auf Vorfälle aus der Vergangenheit berufend. Und rechtfertigen Sie sich vor allen Dingen nicht dafür, dass Sie überhaupt Regeln haben. Dies gehört zu Ihrer Funktion als Führungskraft und damit zu Ihrer Rolle als Rahmengeber dazu. Ihr System erwartet von Ihnen, dass Sie Spielregeln setzen und sanktionieren.

Dieses Wirkungsprinzip schafft Homogenität. Ist es für ein Team nicht wichtig, heterogen zu sein?

Diversität ist wichtig, absolut. Je diverser ein Team ist, desto besser ist es aus meiner Sicht. Das betrifft Fähigkeiten, Funktionen, Charakter oder Hintergründe der Mitarbeiter, jedoch nicht die gesetzten Spielregeln der Führungskraft. Innerhalb eines Systems sollten alle mit den gleichen Regeln arbeiten. Mitarbeiter können es noch gerade so akzeptieren, dass verschiedene Funktionen auch verschiedene Gehälter mit sich bringen. Doch andere Spielregeln stoßen auf absolutes Unverständnis. Die Ansprache für jeden Mitarbeiter mag unterschiedlich sein, aber die Regel muss gleichbleiben. Die von mir angesprochene Homogenität bezieht sich daher auf das Miteinander innerhalb eines Teams. Dieses Prinzip lässt sich auch zu Hause finden: Meine Kinder sind charakterlich und von ihren Fähigkeiten her verschieden, den Tisch abräumen müssen aber alle. Es ist für Sie als Führungskraft zu empfehlen, dass Sie Ihre Spielregeln für alle Mitarbeiter gleichermaßen setzen.

Wann sollte man Spielregeln lockern?

Wenn Sie am Anfang der Zusammenarbeit kooperativ und nett auftreten, nur um im Laufe der Zeit die Zügel anzuziehen, verärgern Sie Ihre Mitarbeiter. Gehen Sie deshalb umgekehrt an die Sache heran. Es empfiehlt sich, zu Beginn eher restriktiv zu sein und mit der Zeit etwas nachzugeben. Erst kurze Leine und dann mit zunehmendem Vertrauen länger lassen, sorgt für ein wachsendes Vertrauen und Erfolgserlebnisse. Trotz aller Penetranz bei der Erziehungsarbeit in einem System sollten Sie als Führungskraft auch Momente finden, in denen Sie bestimmte Regeln lockern. Ist Ihr System gut unterwegs und Sie können sich darauf verlassen, dass Ihre Regeln grundsätzlich eingehalten werden, können Sie auch einmal „Fünfe gerade sein lassen". Somit geben Sie Ihren

Mitarbeitern auch das Gefühl, dass Sie nicht regelverbohrt sind.

Wie lange dauert ein Storming?

Tatsächlich kann man den Zeitraum, den ein Storming in einem Team einnimmt, sehr genau vorhersagen. Und zwar dauert ein Storming exakt so lange, wie das System das Gefühl hat, noch etwas an den gesetzten Vorgaben, Spielregeln oder Strukturen ändern zu können. Sobald die Mitarbeiter die Klarheit haben, dass nichts mehr zu verändern ist, hört das Storming auch schlagartig auf und das Team geht in die Norming-Phase. Mit anderen Worten: Man findet sich mit der Tatsache ab, dass „es so ist wie es ist" und beginnt, sich mit der nun gesetzten Situation zu arrangieren. Dies führt sicherlich in dieser Phase nicht zu einem „Hochgefühl", aber das System nimmt den Rahmen als Vorgabe auf und versucht jetzt das Beste daraus zu machen – mit anderen Worten: die Zusammenarbeit im Team normiert sich. Und das ist die Voraussetzung dafür, dass man sein Team später mit einem geringfügigen Lockern der Regeln auch zu mehr Leichtigkeit und dem gewünschten Performing führen kann.

Wann werden Teams rückfällig?

Insgesamt gibt es fünf typische Situationen, in denen Teams rückfällig werden. Drei davon sind normal, zwei sind eher unglücklich. Fangen wir zunächst mit den drei „normalen" Fällen an: Der Weggang eines bisherigen Team-Mitglieds, der Zugang eines neuen Mitarbeiters und natürlich der Wechsel einer Führungskraft. Diese Situationen führen zu einer neuen Forming-Phase. Gleiches gilt aber leider auch, wenn Sie die Einhaltung der Regeln nicht mehr verbindlich forcieren und im schlimmsten Fall, wenn die Führungskraft vom eigenen Vorgesetzten infrage gestellt wird.

Ein Moment zur Selbstreflexion …

WELCHE ZWEI NEGATIV-WIRKUNGEN FÜR DIE FÜHRUNGSKRAFT SIND FÜR MICH AM GRAVIERENDSTEN?

- ☐ Sie wird von ihren Mitarbeitern letztlich nicht ernstgenommen.

- ☐ Sie verliert damit den Respekt innerhalb ihres Teams.

- ☐ Einzelne Mitarbeiter dominieren die Führungskraft, da sie ihre eigene Interpretation der Spielregel ohne negative Konsequenzen durchsetzen können

- ☐ Die Effizienz ihres Teams geht verloren.

WELCHE ZWEI NEGATIV-WIRKUNGEN FÜR DAS TEAM SIND FÜR MICH AM KRITISCHSTEN?

- ☐ Die Mitarbeiter erhalten keine klare Orientierung.

- ☐ Das Team merkt, dass bestimmte Mitarbeiter favorisiert werden, da sich diese nicht an die Spielregeln halten müssen.

- ☐ Es empfindet seine Führungskraft als schwammig und „ohne Rückgrat".

- ☐ Die Motivation im Team sinkt und das Storming gegen Spielregeln der Führungskraft wird bestärkt.

Spielregeln setzen, Spielregeln durchsetzen.

WELCHER TIPP WAR FÜR MICH AM WIRKUNGSVOLLSTEN?

☐ Checkfrage: Was ist mir WIRKLICH in der Zusammenarbeit wichtig?

☐ Spielregeln so schnell und klar wie möglich setzen

☐ Keine Angst vor Penetranz bei Ihren Spielregeln

☐ Erst kurze, dann längere Leine

WELCHE FALLE IST FÜR MICH AM HERAUSFORDERNDSTEN?

☐ Die Kreativität der Mitarbeiter bei Ausreden

☐ „Vor Ihnen war alles besser!"

☐ Ein Regelverstoß wird bagatellisiert

☐ Der Frosch-Effekt

WAS NEHME ICH MIR FÜR DIE ZUKUNFT KONKRET VOR?

EHRLICH EINBEZIEHEN STATT FALSCH SPIELEN.

Nutzen und Einsatz des Wirkungsprinzips

•

Wirkungsvolle Tipps für die Anwendung

•

Mögliche Fallen bei der Umsetzung

•

Typische Fragen aus der Praxis

•

Ein Moment zur Selbstreflexion ...

Nutzen und Einsatz des Wirkungsprinzips

Um Ziele erfolgreich zu verfolgen, brauchen wir Mitarbeiter und Teams, die sich mit diesen Zielen identifizieren können und wollen. Dabei ist es die Aufgabe einer Führungskraft, ein für die Zielerreichung angemessenes Level an Identifikation zielgerichtet und nachhaltig zu fördern. Damit sich Ihre Mitarbeiter mit Ihren Zielen und Entscheidungen identifizieren können, haben Sie als Führungskraft drei Möglichkeiten. Sie können Identifikation ANORDNEN, den Mitarbeiter ÜBERZEUGEN oder ihn in die Entscheidungsfindung EINBEZIEHEN.

Möglichkeit 1 – ANORDNEN. Dieses Vorgehen ist in einigen Situationen opportun, jedoch niemals nachhaltig. Natürlich kann ich als Führungskraft qua Hierarchie schlichtweg erwarten, dass sich meine Mitarbeiter mit einer Entscheidung identifizieren und die Aufgaben so erfüllen, wie ich es mir vorgestellt habe, aber unglücklicherweise benötige ich dann auch Sanktionen bei Verstößen.

Möglichkeit 2 – ÜBERZEUGEN. Ein „erweitertes Verstehen" auf Seiten des Mitarbeiters ist immer eine wichtige Voraussetzung für Identifikation. Wenn Sie es schaffen, Ihre Ideen und Entscheidungen wirkungsvoll zu verkaufen, haben Sie eine wichtige und durchaus nachhaltige Vorarbeit für ein „Brennen" Ihrer Mitarbeiter geleistet.

Möglichkeit 3 – EINBEZIEHEN. Dies ist die nachhaltigste Art, um Identifikation zu erreichen. Allerdings nur dann, wenn es sich auch um eine ehrliche und transparente Form der Einbeziehung in die Entscheidungsfindung handelt.

Je mehr Identifikation gewünscht ist, desto mehr Aufwand ist letztlich auch nötig, denn Identifikation ist nicht gleich Identifikation. Tatsächlich gibt es verschiedene Intensitätslevel des „Brennens". Diese lassen sich grundsätzlich wie folgt gliedern:

Level 1: Information (Ich weiß, worum es geht.)
Level 2: Einsicht (Wir müssen etwas tun.)
Level 3: Verständnis (Es ist notwendig.)
Level 4: Unterstützung (Ich trage es mit.)
Level 5: Commitment (Ich mache es zu meiner Sache.)
Level 6: Ownership (Ich vertrete es auch noch aktiv nach außen.)

Dabei gilt: Je mehr Identifikation angestrebt wird – also je höher das avisierte Level ist –, desto mehr Aufwand ist damit auch verbunden. Analog zu den Ebenen der Identifikation gibt es sechs Stufen, in denen Mitarbeiter in Entscheidungsprozesse einbezogen werden können:

Stufe 1: Die Führungskraft entscheidet und informiert.
Stufe 2: Die Führungskraft entscheidet, holt aber nachher Feedback ein.
Stufe 3: Die Führungskraft entscheidet, holt aber vorher Ideen ein.
Stufe 4: Gemeinsame Mehrheitsentscheidung.
Stufe 5: Konsensentscheidung.
Stufe 6: Die Führungskraft überträgt die Entscheidung auf Mitarbeiter.

Leider ist die Versuchung für Führungskräfte groß, das sogenannte Einbeziehungsspiel zu spielen. Bei dem Spiel gibt die Führungskraft vor, entscheidungsoffen zu sein, tatsächlich navigiert sie die Mitarbeiter aber rhetorisch geschickt zu der schon vorher feststehenden Entscheidung. Häufig wird das Einbeziehungsspiel auch „Such Struppi, such!" genannt. Denn leider fühlt sich dieses Vorgehen bei den Mitarbeitern genau so an. Es ist eine Manipulation, die vielleicht kognitiv nicht erkannt wird; im Bauch bleibt jedoch ein ungutes Gefühl zurück. Daher sollten Sie **ehrlich einbeziehen statt falsch spielen.**

Eine vereinfachte Situation

Die Führungskraft hat bereits eine Entscheidung getroffen.

Anstatt dies ehrlich zu kommunizieren, tut sie so, als wäre die Entscheidung noch offen.

Zusammen mit ihren Mitarbeitern diskutiert sie das Thema und lenkt dann das Gespräch durch geschickte Rhetorik auf die vorher schon feststehende Entscheidung.

Ehrlich einbeziehen statt falsch spielen.

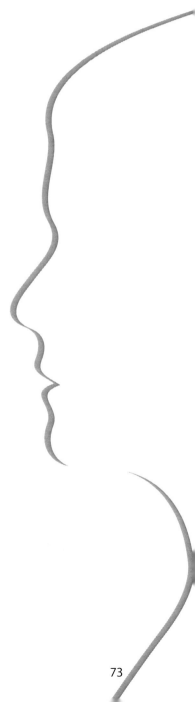

Die Mitarbeiter fühlen sich zunächst in die Entscheidungsfindung einbezogen.

Sie spüren jedoch schnell, dass die Führungskraft gar nicht ehrlich ist und das Ganze ein „abgekartetes Spiel" ist.

Sie fühlen sich manipuliert und hintergangen.

Die Führungskraft hat falsch gespielt!

Die negative Wirkung für die Führungskraft:

Sie manipuliert ihr Team und sorgt damit für eine latente Befindlichkeit bei Ihren Mitarbeitern.

Sie verliert dadurch den Respekt Ihres Teams und wird auch bei zukünftigen Entscheidungen argwöhnisch beobachtet.

Sie wird dadurch somit unglaubwürdig – auch für zukünftige Einbeziehungssituationen.

Letztlich demotiviert sie ihr Team und verhindert Identifikation.

**Die negative Wirkung für
das Team:**

Die Mitarbeiter empfinden
das Vorgehen als manipulativ
und fühlen sich nicht wirklich
ernstgenommen.

Das Team empfindet
den Aufwand als reine
Zeitverschwendung.

Die Entscheidung wird letztlich
zur Kenntnis genommen
ohne große Identifikation zu
verspüren.

**Das Team wird sich
bei zukünftigen
Entscheidungsfindungen eher
zurückhalten.**

Mit „Ehrlich einbeziehen statt falsch spielen." wäre es besser gelaufen ...

Die positive Wirkung für die Führungskraft:

Durch die Kommunikation von bereits feststehenden Entscheidungen spart sie letztlich Zeit.

Sie agiert ehrlich und bezieht nur dann ein, wenn auch wirklich Einbeziehung möglich ist.

Sie wird für diese Klarheit respektiert.

Sie sorgt für Orientierung und ein klares und ehrliches Vorgehensmodell.

**Die positive Wirkung für
das Team:**

Die Mitarbeiter fühlen sich
korrekt behandelt.

Das Team kann der
Führungskraft vertrauen.

Es empfindet die
Kommunikation der
Führungskraft als transparent
und verlässlich.

**Das Team vergeudet keine Zeit
beim „Such Struppi, such"-Spiel
und bleibt damit effizient und
motiviert.**

Vier wirkungsvolle Tipps für die Anwendung

Tipp 1:
Das Fragepaar „fest vs. offen" im Vorfeld nutzen

Um das Einbeziehungsspiel zu vermeiden, ist es als Führungskraft hilfreich, sich im Vorfeld einer Entscheidung selbstkritisch mit einem Fragepaar zu konfrontieren: Was steht für mich bereits fest? Und bei welchen Dingen bin ich noch (entscheidungs-)offen? Einbeziehung sollte nur für die Aspekte angedacht und eingesetzt werden, bei denen Sie als Führungskraft tatsächlich noch Offenheit bei der Entscheidungsfindung zulassen. Alles andere führt nur unweigerlich zur Manipulation („Such Struppi, such!"). Ein schöner Nebeneffekt: Die Nutzung des Fragepaares führt auch zu mehr persönlicher Klarheit in Bezug auf die zu treffende Entscheidung. Es zwingt uns, als Führungskräfte für einen Moment „innezuhalten", bevor wir dann aktiv werden.

Tipp 2:
Ebene der Einbeziehung von Anfang an klarmachen

Dieser Tipp bezieht sich auf die sechs Stufen der Einbeziehung. Der Grad der Einbeziehung nimmt mit jeder höheren Stufe zu. Deshalb ist es entscheidend, dass Sie die Ebene der Einbeziehung von Beginn an festlegen und diese dann auch offen kommunizieren. Ihre Mitarbeiter sollten wissen, wie stark sie wirklich in den Entscheidungsprozess eingebunden werden. Wählen Sie daher bereits am Anfang aus, welchen Grad der Einbeziehung Sie verfolgen möchten und vermitteln Sie dies Ihren Mitarbeitern. Aber Achtung, es gilt die Grundregel: Lieber weniger und ehrlich als viel und unehrlich einbeziehen. Deshalb ist es wichtig, dass Sie genau für sich prüfen, wie viel Einbeziehung sie in dem jeweiligen Fall auch aushalten.

Ehrlich einbeziehen statt falsch spielen.

Tipp 3:
Nutzenargumentation, wenn Einbeziehung nicht möglich

Eine angemessene Identifikation der Mitarbeiter mit Entscheidungen ist grundsätzlich wichtig. Dies kann jedoch nicht immer durch eine weitreichende Einbeziehung in die Entscheidungsfindung unterstützt werden, denn möglicherweise steht die Entscheidung bereits fest und eine ehrliche Einbeziehung ist gar nicht mehr oder nur noch in geringem Umfang möglich. Hier kann die Schaffung von Identifikation mit der getroffenen Entscheidung nur durch zielgerichtete und inspirierende Kommunikation erfolgen. Das heißt: Sie müssen Ihre Entscheidung verkaufen. Führungskräfte sind gefordert, nicht nur extern, sondern auch intern zu verkaufen. Voraussetzung für Erfolg im Verkauf ist eine zielgruppenspezifische Nutzenargumentation. Also die Antwort auf die Frage: Was hat der Mitarbeiter von der getroffenen Entscheidung?

Tipp 4:
Die „Fünf Grundbedürfnisse im Verkauf" als Argumentationshilfe

Gute Nutzenargumente sind die Voraussetzung für erfolgreichen Verkauf. Und hier sind unserer Kreativität keine Grenzen gesetzt. Um bei der Findung von Nutzenargumenten möglichst effektiv und effizient vorzugehen, ist es hilfreich, sich an den Bedürfnissen der Zielgruppe zu orientieren. Dabei gibt es typischerweise fünf Grundbedürfnisse im Verkauf. Diese kann man sich gut anhand von Automarken merken, die vorrangig ein spezielles Grundbedürfnis ansprechen: Sicherheit (Volvo), Ansehen (Mercedes), Freude (BMW), Komfort (amerikanische Autohersteller) und Profit (asiatische Hersteller). Um Mitarbeiter zu überzeugen, muss ich den Nutzen explizit herausstellen. Dabei sollte ich mindestens eines der fünf Grundbedürfnisse adressieren, damit die Kommunikation auch tatsächlich erfolgreich verläuft.

Vier mögliche Fallen bei der Umsetzung

Falle 1:
Das Einbeziehungsspiel – der Harmonie wegen

Eine zu starke Harmoniebedürftigkeit der Führungskraft hat in der Regel den Effekt, dass das Einbeziehungsspiel gespielt wird. Denn wenn ich als Führungskraft Harmonie anstrebe, ist die Einbeziehung meiner Mitarbeiter natürlich die harmonischste Vorgehensweise. Allerdings gibt es immer Situationen, in denen eine ehrliche Einbeziehung faktisch überhaupt nicht möglich ist. Und wenn ich in diesen Situationen der Harmonie wegen nicht ehrlich den wirklichen Einbeziehungsgrad kommuniziere, sorgt dies letztlich nur für negative Effekte. Es fühlt sich zwar vordergründig sehr harmonisch an, ist aber eine für die Harmonie im Team störende Vorgehensweise. Ihr Team spürt, dass Sie hier eigentlich nur manipulieren. Und wenn mit uns Mitarbeitern das „Such Struppi, such!"-Spiel gespielt wird, dann sind wir letztlich arg angesäuert.

Falle 2:
Die Führungskraft ändert mittendrin die Spielregeln

Haben Sie Ihren Mitarbeitern kommuniziert, in welcher Form sie in die Entscheidungsfindung mit einbezogen sind, dann muss dies auch gelten. Gefällt Ihnen plötzlich das Ergebnis dieses Vorgehens nicht mehr, weil zum Beispiel die so entstehende Entscheidung für Sie nicht passend ist oder es Ihnen einfach zu lange dauert, sollten Sie dennoch nicht mittendrin die genannte Spielregel ändern. Sonst lernt Ihr System, dass Einbeziehung für Sie ein willkürliches Vorgehensmodell ist. Deshalb ist es entscheidend, sich im Vorhinein die ehrliche Frage zu stellen: Welches Vorgehen und welche Entscheidung halte ich auch aus? Lieber weniger und ehrlich einbeziehen als viel und unehrlich.

Falle 3:
Meine Mitarbeiter sollen sich einfach einbezogen fühlen

Das ist eine Aussage, die es immer wieder in Führungskreisen zu hören gibt – aus einem einfachen Grund: Ich möchte, dass sich Mitarbeiter mit einer Entscheidung identifizieren und zwar auch dann, wenn eigentlich gar keine Möglichkeit zur Einbeziehung besteht. Allerdings ist dies eine tückische Falle. Denn das Gefühl der Einbeziehung wird auf diese Weise nicht erreicht, sondern sogar konterkariert. Mitarbeiter bekommen schnell mit, dass es sich um ein „abgekartetes Spiel" handelt und es bei der vorgetäuschten Einbeziehung gar nicht um das gemeinsame TREFFEN einer Entscheidung, sondern nur um das FINDEN der bereits vorher feststehenden Entscheidung ging. Und das ist alles andere als motivierend. Nutzen Sie daher eine andere Form von Motivation und verkaufen Sie lieber den Nutzen der tatsächlichen Entscheidung.

Falle 4:
Die Führungskraft strebt ein sehr hohes Maß an Identifikation an

Ist das der Fall, ist die Versuchung groß, dass Sie auch ein hohes Maß an Einbeziehung nutzen wollen. Wenn dies tatsächlich ehrlich möglich ist, dann sollten Sie so verfahren. Ist aber Einbeziehung eigentlich gar nicht oder nur wenig möglich, dann gilt es, dies auch so zu akzeptieren. Versuchen Sie nicht, den Grad der Einbeziehung künstlich hochzuhalten, wenn nicht mehr möglich. Identifikation mit einer Entscheidung ist ein hohes Gut, aber ein noch viel höheres ist die Identifikation eines Mitarbeiters mit seiner Führungskraft. Und das erreichen Sie nicht durch geschickte und vorgetäuschte Einbeziehungsmanöver, sondern nur durch Ehrlichkeit und Klarheit. Der Grad der Einbeziehung ist dabei nicht entscheidend, der Grad der Ehrlichkeit sehr wohl. Machen Sie Ihren Mitarbeitern deshalb nichts vor.

Typische Fragen aus der Praxis

Soll man denn nicht den sogenannten „Buy In" erreichen?

Mit dem Begriff „Buy In" verbindet man häufig, dass Mitarbeiter eine Entscheidung nicht nur akzeptieren, sondern sich sogar mit ihr identifizieren und zwar typischerweise basierend auf einem geschickten Vorgehen der Führungskraft. Natürlich sollen Sie Identifikation erreichen, allerdings nur mit ehrlichen Mitteln. Ansonsten handelt es sich nicht um einen wirkungsvollen „Buy In", sondern nur um einen temporären Effekt, der dann häufig in das Gegenteil umschlägt. Einbeziehung ist ein Führungsinstrument, das sehr wirkungsvoll sein kann – allerdings nur unter der Voraussetzung, dass es auch ehrlich genutzt wird.

Wann kann das „Anordnen" von Identifikation überhaupt wirksam sein?

Das schlichte Anordnen von Identifikation wird niemals eine langfristige Wirkung haben. Dennoch gibt es Situationen, in denen die Anordnung temporär sinnvoll ist. Ein Beispiel dazu: Sie sind auf dem Weg zu einem Kundentermin und werden von einem Mitarbeiter begleitet, der nicht zu 100 Prozent hinter Ihrem Angebot oder dem von Ihnen zu präsentierenden Projekt steht. Jetzt wäre es natürlich kritisch, wenn der Mitarbeiter dies offen oder auch nur andeutungsweise kommuniziert und während des Termins seine Skepsis zeigt. In diesem Fall ist es sicherlich ratsam, dass Sie als Führungskraft im Vorfeld anordnen, dass der Mitarbeiter Sie hier entsprechend unterstützen muss. Allerdings sind dies Einzelfälle und sollten in Ihrer gängigen Führungspraxis nur untergeordnete Bedeutung haben.

Ist es die Aufgabe einer Führungskraft, nach „innen" zu verkaufen?

Zu 100 Prozent: Ja. Wir brauchen Mitarbeiter, die sich mit Entscheidungen identifizieren. Das beste Hilfsmittel dazu ist sicherlich die Einbeziehung in Entscheidungen. Tatsächlich kann eine umfassendere Einbeziehung zu einer entsprechend hohen Identifikation führen – vorausgesetzt, dass es sich um eine ehrliche und echte Einbeziehung handelt. Allerdings sind die Möglichkeiten der Einbeziehung begrenzt. Es gibt immer Themen, bei denen ich einfach nicht einbeziehen kann. Strategische Entscheidungen sind hier als Beispiel zu nennen. Dann geht es für mich darum, meinen Mitarbeitern den Nutzen zu verkaufen, ansonsten müsste ich auf ihr „Brennen" verzichten. Als Führungskraft ist es deshalb Ihre Aufgabe, immer wieder Gründe aufzuzeigen, warum sich Ihre Mitarbeiter mit der Entscheidung, der Strategie, dem Vorgehensmodell, der Lösung etc. identifizieren sollen. Hier müssen Sie nach innen verkäuferisch aktiv werden – und zwar nicht nur implizit. Möglicherweise sind Ihnen die Vorteile klar, aber Ihre Mitarbeiter erkennen nicht sofort den Nutzen einer Entscheidung. Je besser Sie auch nach innen verkaufen können, desto erfolgreicher werden Sie letztlich sein.

Ist „Verkaufen" nicht auch eine Form von Manipulation?

Die Antwort ist: Nein. Allerdings stimmt diese Antwort nur dann, wenn Sie das Verkaufen als eine Vermittlung von echten Nutzenargumenten verstehen. In dem Fall versuchen Sie durch die Vermittlung entsprechender Vorteile zu überzeugen – und diese Art von Verkaufen hat mit Manipulation nichts gemeinsam. Das „Such Struppi, such"-Einbeziehungsspiel ist dagegen etwas ganz anderes. Hier wird ja tatsächlich durch die Vorgabe falscher Tatsachen manipuliert – zum Beispiel, indem ich mich als Führungskraft offen zeige, obwohl bereits alle Entscheidungen feststehen.

Ein Moment zur Selbstreflexion ...

WELCHE ZWEI NEGATIV-WIRKUNGEN FÜR DIE FÜHRUNGSKRAFT SIND FÜR MICH AM GRAVIERENDSTEN?

☐ Sie manipuliert ihr Team und sorgt damit für eine latente Befindlichkeit bei Ihren Mitarbeitern.

☐ Sie verliert dadurch den Respekt Ihres Teams und wird auch bei zukünftigen Entscheidungen argwöhnisch beobachtet.

☐ Sie wird somit unglaubwürdig – auch für zukünftige Einbeziehungssituationen.

☐ Letztlich demotiviert sie ihr Team und verhindert Identifikation.

WELCHE ZWEI NEGATIV-WIRKUNGEN FÜR DAS TEAM SIND FÜR MICH AM KRITISCHSTEN?

☐ Die Mitarbeiter empfinden das Vorgehen als manipulativ und fühlen sich nicht wirklich ernstgenommen.

☐ Das Team empfindet den Aufwand als reine Zeitverschwendung.

☐ Die Entscheidung wird letztlich zur Kenntnis genommen ohne große Identifikation zu verspüren.

☐ Das Team wird sich bei zukünftigen Entscheidungsfindungen eher zurückhalten.

Ehrlich einbeziehen statt falsch spielen.

WELCHER TIPP WAR FÜR MICH AM WIRKUNGSVOLLSTEN?

☐ Das Fragepaar „fest vs. offen" im Vorfeld nutzen

☐ Ebene der Einbeziehung von Anfang an klarmachen

☐ Nutzenargumentation, wenn Einbeziehung nicht möglich

☐ Die „Fünf Grundbedürfnisse im Verkauf" als Argumentationshilfe

WELCHE FALLE IST FÜR MICH AM HERAUSFORDERNDSTEN?

☐ Das Einbeziehungsspiel – der Harmonie wegen

☐ Die Führungskraft ändert mittendrin die Spielregeln

☐ Meine Mitarbeiter sollen sich einfach einbezogen fühlen

☐ Die Führungskraft strebt ein sehr hohes Maß an Identifikation an

WAS NEHME ICH MIR FÜR DIE ZUKUNFT KONKRET VOR?

FÜHRUNGSKRÄFTE
FRAGEN,
FACHKRÄFTE
ANTWORTEN.

Nutzen und Einsatz des Wirkungsprinzips

•

Wirkungsvolle Tipps für die Anwendung

•

Mögliche Fallen bei der Umsetzung

•

Typische Fragen aus der Praxis

•

Ein Moment zur Selbstreflexion ...

Nutzen und Einsatz des Wirkungsprinzips

Wer fragt, führt – und wer führt, fragt. Tatsächlich ist es in der Gesprächsführung anerkannte Praxis, dass der Fragende automatisch die Führung des Gesprächs übernimmt. Doch damit nicht genug: Der Antwortende geht in die Rolle der Fachkraft, während der Fragensteller die Rolle der Führungskraft ausfüllt. Oder anders ausgedrückt: *„Führungskräfte fragen, Fachkräfte antworten."* Dies hört sich zwar schematisch an, ist aber in der Praxis ein kraftvolles Vorgehensmodell.

Tatsächlich gilt: Eine Führungskraft KANN Fachkraft sein, MUSS es aber nicht. Um hier die richtige Haltung in der jeweiligen Situation einzunehmen, hat Klarheit zu meiner eigentlichen Rolle große Bedeutung für die Praxis. Denn tatsächlich werden wir als Führungskräfte immer wieder von unseren Mitarbeitern und auch von unserem eigenen Selbstanspruch herausgefordert, die Rolle „Führungskraft" zu verlassen und die Rolle „Fachkraft" zu übernehmen. Diese Versuchung ist nicht leicht zu meistern. Deshalb ist es entscheidend, sich die Vorteile dieses Wirkungsprinzips vor Augen zu führen: Entlastung für das eigene Zeitmanagement, Weiterentwicklung der Mitarbeiter, respektvoller Umgang mit Know-how und fachlichen Kompetenzen im Team, etc.

Führungskräfte, die gerne die Rolle des Antwortgebers einnehmen oder sich dort hineindrängen lassen, behindern das persönliche Wachstum ihrer Mitarbeiter. Denn tatsächlich zwingen Fragen zu einer Reflexion mit den Inhalten, Antworten dagegen nicht. Reflexion ist der Motor für persönliche Weiterentwicklung. Nur dann, wenn wir uns mit Themen intensiv auseinandersetzen, werden wir auch Lerneffekte und persönliches Wachstum erfahren. Diese Auseinandersetzung wird nur durch Fragen gezielt gefördert. Stimulieren Sie Ihre Mitarbeiter nicht, sich mit Inhalten und Themen reflexiv auseinanderzusetzen, verpassen

Sie Chancen, Mitarbeiterentwicklung voranzutreiben. Letztlich sind Sie der erste Personalentwickler Ihres Teams.

In diesem Zusammenhang lautet ein recht profaner Satz: „Es gibt nichts Gutes, außer man tut es." Hinter diesen schlichten Worten verbirgt sich ein elementarer Wirkungszusammenhang. Denn tatsächlich lernen wir beispielsweise das Schwimmen nicht, indem es uns jemand vormacht. Wenn Sie als Führungskraft Ihre Mitarbeiter immer durch Antworten „retten" statt sie durch Fragen zu entwickeln, schwimmen Sie zwar sehr schön vor, aber alle anderen bleiben „ungebildet" an Land. Neben der Weiterentwicklung sorgen Sie mit Fragen statt Antworten auch für implizite Wertschätzung Ihres Teams. Denn das Einfordern von Impulsen, Ideen und Lösungsvorschlägen zeugt von Respekt vor der Kreativität Ihrer Mitarbeiter. Andersherum formuliert: Wenn Sie sich herausfordernde Fragen verkneifen und Ihr Team immer retten, dokumentieren Sie damit auch, dass Sie Ihren Mitarbeitern die notwendige Kreativität oder Kompetenz gar nicht zutrauen.

In meiner Firma hatte ich früher eine „Offene Türen"-Politik. Meine Mitarbeiter konnten zu jeder Zeit mit Problemen zu mir kommen und ich habe ihnen gerne mit Lösungen geholfen. Das hat in gewissen Zügen mein Ego befriedigt, war für mein Zeitmanagement jedoch eine absolute Katastrophe. Dazu wussten meine Mitarbeiter, dass sie sich selbst nicht mehr allzu viele Gedanken machen brauchten, da ich im Zweifelsfall die Antworten gegeben habe. Letztlich war es ein respektloses Umgehen mit den vorhandenen Potenzialen meiner Mitarbeiter, da ich diese nicht wirklich durch Fragen gefördert habe. Statt Problemlöser zu sein, musste ich mich zum Problemmanager entwickeln; statt als Innovator zu agieren, musste ich Innovationsmanager werden. Denn: Eine wirkungsorientierte Führungskraft fordert und fördert – und zwar durch Fragen. Deshalb gilt: **Führungskräfte fragen, Fachkräfte antworten.**

Eine vereinfachte Situation

Ein Mitarbeiter kämpft mit der Lösung einer Aufgabenstellung.

Er wendet sich mit der Problemstellung an seine Führungskraft.

Die Führungskraft will dem Mitarbeiter helfen und versucht die Fragestellung selbst zu beantworten.

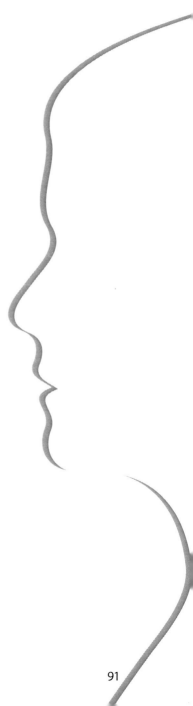

Der Mitarbeiter fragt seine
Führungskraft nach der Lösung
eines Problems.

Aus der Vergangenheit weiß er,
dass seine Führungskraft hier
gerne kompetent unterstützt.

Letztlich beschäftigt er sich nicht
selbst mit der Problemstellung,
sondern verlässt sich auf seine
Führungskraft als „Retter".

Die Führungskraft ist in eine Fachrolle gewechselt!

Die negative Wirkung für die Führungskraft:

Das Zeitmanagement der Führungskraft wird durch solche Situationen negativ beeinflusst.

Mitarbeiter oder sogar das gesamte Team verlassen sich auch in inhaltlichen Fragen nur auf sie.

Ihre Mitarbeiter müssen sich nicht selbst mit der Thematik beschäftigen.

Sie fordert und fördert ihre Mitarbeiter nicht und trägt für die Lösungsfindung die alleinige Verantwortung.

**Die negative Wirkung für
das Team:**

Die Mitarbeiter lernen, dass
ihre Führungskraft sich als
Problemlöser versteht.

Letztlich weiß das Team, dass es
sich mit Lösungsfindung nicht
wirklich beschäftigen muss.

Es lernt, dass es von seiner
Führungskraft im Zweifelsfall
gerettet wird und empfindet
wenig Anlass für eigene
Kreativität.

**Das Team wird in seiner
Weiterentwicklung behindert.**

Mit „*Führungskräfte fragen, Fachkräfte antworten.*" wäre es besser gelaufen ...

Die positive Wirkung für die Führungskraft:

Sie schafft einen hohen Grad an Eigenverantwortung bei ihren Mitarbeitern.

Ihr Zeitmanagement wird deutlich entlastet, da die Mitarbeiter zunächst selbst Problemlösungen suchen bevor sie sich an ihre Führungskraft wenden.

Sie steigert dadurch zunehmend das Selbstvertrauen ihres Teams.

Sie führt letztlich ein lösungsorientiert denkendes Team.

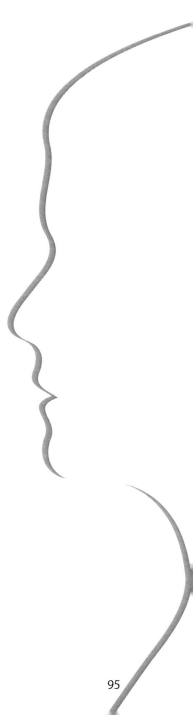

Die positive Wirkung für das Team:

Die Mitarbeiter kennen ihre Rolle als Fachkraft und wissen, dass sie letztlich die Lösungen bringen müssen.

Das Team kann an den Herausforderungen wachsen.

Es entwickelt Stolz, wenn es Probleme selbst gelöst hat.

Das Team entwickelt sich fachlich weiter und etabliert Lösungsorientierung sowie Pragmatismus.

Vier wirkungsvolle Tipps für die Anwendung

Tipp 1:
Wer die Antwort gibt, hat auch die VerANTWORTung

Sie sind in erster Linie nicht Fachkraft, sondern Führungskraft. Und damit sind Sie auch nicht vorrangig Problemlöser, sondern Problemmanager. Diese Rollenklarheit ist in der Praxis aber nicht so einfach aufrechtzuhalten. Um sich auch im Tagesgeschehen gut daran zu erinnern, kann vielleicht die deutsche Sprache eine wichtige Eselsbrücke offerieren: Denn tatsächlich steckt in „Verantwortung" das Wort „Antwort" drin. Und damit wird eines offensichtlich: Wer die Antwort gibt, der trägt auch die VerANTWORTung. Und unglückliche Situationen in der Führungsarbeit ergeben sich besonders dann, wenn uns Mitarbeiter diese Verantwortung einfach so zuschieben können. Sätze wie „Sie wollten dies ja so ...", „Ich habe ja gleich gesagt, aber ..." werden immer dann gerne verwendet, wenn sich Führungskräfte als Antwortgeber und nicht als Fragesteller verstehen.

Tipp 2:
Ziele setzen und Lösungen einfordern, denn:
Wer fordert, der fördert

Es ist eine grundlegende Aufgabe in der Führung, Ziele und Ergebnisse zu erreichen. Diese gilt es zu setzen und damit das „Was" vorzugeben. Aber beim „Wie" können Mitarbeiter gezielt und wirkungsorientiert einbezogen werden. Wenn Sie Ihre Mitarbeiter als Fachexperten ansehen, ist es sogar zwingend erforderlich, dass das „Wie" nicht von Ihnen kommt. Vielmehr geht es darum, Ziele zu setzen und Lösungen einzufordern. Wenn Ihre Mitarbeiter dabei keinen Lösungsansatz finden, müssen sie irgendwann natürlich von Ihnen „gerettet" werden.

Allerdings darf dies nicht die Norm sein oder „zu früh" passieren. Ein System lernt immer. Es lernt auch, wie es mit Druck umzugehen hat.

Tipp 3:
Keine Fragen stellen, bei denen ich die Antwort nicht aushalte

„Führungskräfte fragen, Fachkräfte antworten." Dies ist ein kraftvolles Wirkungsprinzip, aber auch kritisch zu betrachten. Denn Fragen ist in der Rolle „Führungskraft" nur dann opportun, wenn ich auch tatsächlich die Antwort aushalte. Stellen Sie bitte keine Fragen, wenn Sie mit den möglichen Antworten nicht klarkommen. Das gleicht eher einem „Such Struppi, such!"-Spiel und darauf reagiert ein System berechtigterweise sehr empfindlich. Deshalb ist es entscheidend, sich im Vorfeld über die eigene Lösungsoffenheit klar zu werden. Sie sind als Führungskraft der Rahmengeber und können demzufolge den Rahmen, in dem Sie Antworten erwarten, vorgeben. Kommen die Ideen oder Vorschläge aber innerhalb dieser Vorgabe, dann gilt es, sie auch auszuhalten.

Tipp 4:
„Warum nicht?" ist interessant. „Wie doch?" ist relevant.

Fragen haben immer eine Richtung – und diese müssen Sie gezielt nutzen. Dabei geht es aus Sicht der Führungskraft natürlich vor allen Dingen um die Richtung „nach vorne". Diese zeichnet sich weniger durch Ursachenforschung, Schuldergründung oder Problemerfassung aus. Vielmehr sollte es um Lösungsorientierung gehen und demzufolge müssen die Fragen der Führungskraft einen „Wie doch?"-Tenor beinhalten. Dies ist für ein Team anstrengend, aber hochgradig wichtig. Hier müssen Sie als Führungskraft penetrant sein und auch penetrant bleiben. Penetranz sorgt für Fokus – und dieser Fokus muss auf Lösungen und der Zukunft und nicht auf Problemen und der Vergangenheit liegen.

Vier mögliche Fallen bei der Umsetzung

Falle 1:
Mitarbeiter schweigen, wenn ich Fragen stelle

Schweigen in Mitarbeitergesprächen oder Teammeetings ist unangenehm. Darüber hinaus stellt es eine große Versuchung dar, aus der Rolle „Fragender" in die Rolle „Antwortgeber" zu wechseln. Dies ist jedoch für die Dynamik in der jeweiligen Situation kritisch. Das Wirkungsprinzip *„Führungskräfte fragen, Fachkräfte antworten."* definiert das Rollenverständnis, das auch in solchen Situationen bewahrt werden muss. Bleiben Sie trotz Schweigen penetrant mit den Fragen an Ihre Mitarbeiter, damit sie Ideen, Antworten oder Lösungen selbst entwickeln. Dazu gehört, dass Sie Ihre Frage wiederholen und auch Ihrerseits Schweigen als Kommunikationsmittel einsetzen. Lassen Sie sich nicht in die Fachkraftrolle drängen.

Falle 2:
Es existiert Widerstand gegen meine Fragen

Stellen Sie sich folgende Situation vor: Sie stellen einem Mitarbeiter in einem Gespräch wichtige Fragen zur Lösungsfindung und dieser reagiert genervt oder abwehrend. Sätze wie „Woher soll ich das denn wissen?" oder „Mehr fällt mir jetzt wirklich nicht ein" können in so einer Situation leicht fallen. Und dies stellt dann eine der gefährlichsten Fallen für das aktuelle Wirkungsprinzip dar. Um hier wirkungsorientiert in der Rolle „Führungskraft" zu bleiben, ist es wichtig, diesen Widerstand als etwas völlig Normales anzusehen. Es ist anstrengend, Antworten und Lösungen zu finden oder zu entwickeln und Mitarbeiter sind als Menschen kreativ genug, sich gegen diese Herausforderungen zu wehren. Diese Form von Widerstand gilt es auszuhalten, damit Ihr System lernt, dass es in solchen

Situationen nicht durch entsprechende Reaktionen „ausbüxen" kann.

Falle 3:
Meine Mitarbeiter stellen mir eine Gegenfrage

Die Erkenntnis „Wer fragt, führt." ist definitiv nicht neu. In vielen Seminaren oder Büchern wird sie in unterschiedlicher Form vermittelt und demzufolge ist sie auch Ihren Mitarbeitern nicht unbekannt. Und eine einfache Möglichkeit, sich unangenehmer Fragen zu entledigen, ist es, mit einer Gegenfrage zu antworten und damit selbst die Führung in der Gesprächssituation zu übernehmen. Jetzt ist Achtung geboten: Sie werden dazu animiert, auf diese Gegenfrage zu antworten. Tun Sie dies, verändern sich die Machtverhältnisse im Gespräch. Deshalb gilt es, die Gegenfrage Ihrer Mitarbeiter als Mittel zur Rückdelegation zu erkennen – zumindest dann, wenn es sich nicht explizit um eine Verständnisfrage handelt. Es gilt, die eigentliche Frage penetrant zu wiederholen.

Falle 4:
„Sie sind doch die Führungskraft!"

Sätze wie dieser sind im Führungsalltag nicht untypisch. Sie bergen eine besondere Falle: Hieraus kann ich deuten, dass meine Mitarbeiter an meiner fachlichen Kompetenz zweifeln – und diese Deutung liegt dann besonders nahe, wenn ich die Überzeugung habe, als Führungskraft auch Fachkompetenz vorweisen zu müssen. Der Effekt ist einfach beschrieben: Automatisch gehe ich in so einem Fall auf die Kritik ein und will mich entsprechend profilieren. Doch hier entsteht eine Verschiebung der Rollen. Tatsächlich gilt, dass die Führungskraft nicht zwangsläufig auch die beste Fachkraft sein muss. Das Gegenteil ist hier sogar der Fall: Wenn die Führungskraft selbst auch die beste Fachkraft ist, hat sie keine zukunftsorientierte Mitarbeiterentwicklung betrieben.

Typische Fragen aus der Praxis

Soll ich eine Frage stellen, auf die ich die Antwort schon kenne?

Geht es um Fragen, die Sie in Ihrer Führungsrolle stellen, ist die Antwort hier ganz klar: NEIN! Sie sollen mit Ihren Mitarbeitern kein Suchspiel durchführen, bei dem Sie die Antworten von vornherein schon kennen. Das ist nichts anderes als ein manipulatives Vorgehensmodell. Nur in der Trainerrolle dürfen Sie Fragen stellen, auf die Sie die Antwort schon kennen. Müssen Sie Ihren Mitarbeitern etwas beibringen, ist dieses Vorgehen völlig legitim, um sie in die richtige Richtung zu führen. Sind Sie nicht in der Rolle des Trainers, sollten Sie jedoch nur Fragen stellen, bei denen die Antwort noch offen ist. Eine gewisse Tendenz können Sie sicherlich auch im Vorfeld haben, aber Sie sollten auf jeden Fall lösungsoffen sein. Anstatt Fragen zu stellen, auf die Sie die Antworten kennen, sollten Sie in so einer Situation lieber die Antworten als gesetzte Entscheidung oder gesetztes Vorgehensmodell vermitteln.

Wie lange soll ich Penetranz zeigen?

Die Erfahrung in Brainstorming-Prozessen zeigt, dass es drei Wellen an Kreativität gibt. Das Finden von Lösungen und Ideen ist letztendlich ein Brainstorming. Warten Sie also diese drei Wellen ab. Es ist in der Regel so, dass zu Beginn ein paar Ideen direkt entstehen, bevor erst einmal nichts mehr von Ihren Mitarbeitern kommt. Hören Sie an diesem Punkt nicht auf! Fragen Sie weiter, die zweite und dritte Welle an Ideen werden kommen. Warten Sie also insgesamt zwei längere Pausen ab. Sie überbrücken diese Pausen am besten durch penetrantes Wiederholen der Frage oder empathisches Schweigen, denn Ihr Schweigen ist nichts anderes als eine unausgesprochene Frage. Kreativität braucht Druck – und Penetranz ist eine respektvolle Form von Druck.

Was mache ich, wenn mein Team einfach nicht kreativ ist?

Tut sich ein Team wirklich schwer mit der Entwicklung von kreativen Ansätzen, liegt die Schuld daran typischerweise bei der Führungskraft. Auch wenn es hart klingt, aber die Führungskraft ist dafür verantwortlich, dass das Team in der Lage ist, Kreativität zu zeigen, denn jedes Team ist kreativ. In diesem Fall war Ihr Team kreativ genug, Sie glauben zu lassen, dass es unkreativ ist. Ihr Team hat gelernt, dass Sie die Aufgabe schon erledigen, wenn es sich verschließt. Sie haben Ihr Team zu häufig gerettet und in diesem Augenblick die Rollen getauscht. Das heißt: Sie sind nicht länger Führungskraft, sondern inzwischen Fachkraft, da Sie Ihrem Team die Aufgaben abnehmen. Es ist letztlich so: Wir sind alle Menschen und wenn wir etwas Anstrengendes nicht erledigen MÜSSEN, dann machen wir es auch nicht. Irgendjemand wird schon die richtige Idee haben. Fordern und fördern Sie stattdessen Ihr Team! Sie werden staunen, wie kreativ es doch sein kann.

Wie stelle ich die richtige Frage?

Führen ist ein „Von … zu …"-Prozess. Werden Sie sich im Vorfeld bereits klar darüber, welche Richtung Sie mit Ihrer Frage einschlagen wollen. Wohin möchten Sie mit Ihren Fragen führen? Zeigt Ihr Team wenig Kreativität, müssen Ihre Fragen darauf abzielen, Kreativität zu erzeugen. „Welche Ideen haben Sie?" oder „Wie wäre es trotzdem möglich?" sind dabei hilfreiche Formulierungen. Fragen zur Problemstellung sind hier nicht angebracht. Damit kennt sich Ihr Team ja ohnehin bereits bestens aus. Haben Sie ein sehr kreatives Team, das aber wenig umsetzt, müssen Ihre Fragen in die Richtung „Umsetzung" gehen. Die richtigen Fragen ergeben sich dann automatisch aus dieser Richtung.

Ein Moment zur Selbstreflexion …

WELCHE ZWEI NEGATIV-WIRKUNGEN FÜR DIE FÜHRUNGSKRAFT SIND FÜR MICH AM GRAVIERENDSTEN?

☐ Das Zeitmanagement der Führungskraft wird durch solche Situationen negativ beeinflusst.

☐ Mitarbeiter oder sogar das gesamte Team verlassen sich auch in inhaltlichen Fragen nur auf sie.

☐ Ihre Mitarbeiter müssen sich nicht selbst mit der Thematik beschäftigen.

☐ Sie fordert und fördert ihre Mitarbeiter nicht und trägt für die Lösungsfindung die alleinige Verantwortung.

WELCHE ZWEI NEGATIV-WIRKUNGEN FÜR DAS TEAM SIND FÜR MICH AM KRITISCHSTEN?

☐ Die Mitarbeiter lernen, dass ihre Führungskraft sich als Problemlöser versteht.

☐ Letztlich weiß das Team, dass es sich mit Lösungsfindung nicht wirklich beschäftigen muss.

☐ Es lernt, dass es von seiner Führungskraft im Zweifelsfall gerettet wird und empfindet wenig Anlass für eigene Kreativität.

☐ Das Team wird in seiner Weiterentwicklung behindert.

WELCHER TIPP WAR FÜR MICH AM WIRKUNGSVOLLSTEN?

☐ Wer die Antwort gibt, hat auch die VerANTWORTung

☐ Ziele setzen und Lösungen einfordern, denn: Wer fordert, der fördert

☐ Keine Fragen stellen, bei denen ich die Antwort nicht aushalte

☐ „Warum nicht?" ist interessant. „Wie doch?" ist relevant.

WELCHE FALLE IST FÜR MICH AM HERAUSFORDERNDSTEN?

☐ Mitarbeiter schweigen, wenn ich Fragen stelle

☐ Es existiert Widerstand gegen meine Fragen

☐ Meine Mitarbeiter stellen mir eine Gegenfrage

☐ „Sie sind doch die Führungskraft!"

WAS NEHME ICH MIR FÜR DIE ZUKUNFT KONKRET VOR?

KREATIVITÄT
BRAUCHT
DRUCK.

Nutzen und Einsatz des Wirkungsprinzips

•

Wirkungsvolle Tipps für die Anwendung

•

Mögliche Fallen bei der Umsetzung

•

Typische Fragen aus der Praxis

•

Ein Moment zur Selbstreflexion ...

Nutzen und Einsatz des Wirkungsprinzips

Als Führungskräfte sind wir verantwortlich für die Innovationsfreude und Kreativität unserer Mitarbeiter. „Meine Mitarbeiter sind einfach nicht kreativ genug" ist leicht gesagt. Tatsächlich ist das Maß an Kreativität eine durch entsprechende Führungsarbeit gezielt beeinflussbare Größe. Es geht nicht darum, dass wir als Führungskräfte die besten Ideen haben. Vielmehr ist es entscheidend, einen Rahmen zu schaffen, in dem Kreativität wirklich möglich ist. Es gilt also, die Kreativität zu managen – und zwar wirkungsorientiert und nachhaltig. Deshalb muss ich mich als Führungskraft fragen, ob ich die Kreativität meines Teams auch wirklich positiv beeinflusse. Hier empfiehlt es sich, genauer hinzuschauen.

Fördern Sie die Kreativität Ihres Teams oder verhindern Sie sie sogar? Um die Frage zu beantworten, müssen wir sie um eine weitere Frage ergänzen: Womit genau fördern Sie Kreativität? Der nötige Freiraum, neu gegebene Möglichkeiten, Kreativitätstrainings … – das sind gute Ansätze. Allerdings fehlt noch eine ganz wesentliche Komponente, damit Sie die Kreativität Ihres Teams zielgerichtet managen: Druck.

Dies hört sich im ersten Moment seltsam an. Lassen Sie uns hier deshalb tiefer einsteigen: Kreativ sein ist in letzter Instanz anstrengend. Und als Menschen wählen wir gerne den Weg des geringsten Widerstands. Wenn wir eine Möglichkeit sehen, eine anstrengende oder unangenehme Aufgabe von uns wegzuschieben oder zumindest zu vertagen, ist die Versuchung groß, dies auch zu tun. Aus diesem Grund brauchen Mitarbeiter die Klarheit, dass es kein „Drumherum" gibt. Mit diesem nötigen Druck durch die Führungskraft werden sie angehalten auch kreativ zu sein. Wir sind in gewisser Hinsicht „Deadline-Menschen". Sobald wir einen gewissen Druck spüren, erledigen wir endlich auch unangenehme Aufgaben. Unsere Kreativität braucht diesen Druck.

Dazu gibt es viele Beispiele: Wann werden Projekte fertiggestellt? Wenn sie fertig sein müssen. Wann werden unangenehme Aufgaben erledigt? Kurz vor Schluss. Wann ist die Diplomarbeit fertig? Am letzten Tag, kurz vor Mitternacht. Wann werden Weihnachtsgeschenke gekauft? Letztlich hat dies alles mit unserer Deadline-Mentalität zu tun und den „Just in time"-Anstrengungen, die wir dann noch in der Lage sind zu erbringen, um etwas auch wirklich zeitgerecht, kurz vor Ende, abzuschließen.

Allerdings ist hierbei besonders wichtig, zwischen Druck und Angst zu unterscheiden. Kreativität braucht zwar Druck, aber keine Angst. Ihre Mitarbeiter sollen nicht unter Angst agieren, aber schon einen Druck zur Lösungs- und Ideenfindung verspüren. Druck und Angst unterscheiden sich in vielen Aspekten – ein wesentlicher ist dabei die Haltung der Führungskraft: Will ich durch Druck und entsprechendes Fordern meine Mitarbeiter entwickeln, da ich wirklich noch Potenzial sehe, oder geht es mir eher um Machtkampf und „quälen"?

Natürlich gibt es auch immer wieder Momente, in denen wir einfach so kreativ sind, obwohl wir keinen Druck spüren. Nur leider sind diese Momente nicht zu managen. Gemanagte Kreativität braucht Druck. Wenn Sie als Führungskraft Ihre Mitarbeiter immer wieder retten und kreative Aufgaben am Ende selbst erledigen, dann lernt Ihr System genau diesen Handlungsablauf: „Wenn keine Idee kommt, wird es der Chef schon richten!" Dieser Ansatz ist für Sie kritisch. Haben Sie als Führungskraft immer die beste Idee, stimmt etwas in Ihrem System nicht. Ihr Team wurde in diesem Fall nicht genügend gefordert, sondern von Ihnen regelmäßig „gerettet". Wenn wir müssen, kommen wir auch auf gute Gedanken und Ideen. Wenn wir nicht müssen, sorgt dies für Lethargie und geringeren Einsatz. Ihre Aufgabe liegt im Managen der Kreativität Ihres Teams. Daher gilt: **Kreativität braucht Druck.**

Eine vereinfachte Situation

Die Führungskraft fragt ihre Mitarbeiter nach Lösungsideen für ein anstehendes Projekt.

Die Antworten der Mitarbeiter kommen ihr nicht schnell genug.

Die Führungskraft ist frustriert, dass das Team offensichtlich nicht kreativ genug ist und bringt die Ideen schließlich selbst ein.

Die Mitarbeiter werden von der Führungskraft zu einer Thematik befragt.

Sie empfinden die Frage als herausfordernd und sind nicht sofort in der Lage zu antworten.

Gerade als mögliche erste Überlegungen entstehen, bricht die Führungskraft die Ideen-Sammlung ab und sorgt selbst für die Lösungsvorschläge.

Die Führungskraft hat die Kreativität der Mitarbeiter nicht richtig gefördert!

Die negative Wirkung für die Führungskraft:

Sie ist frustriert, dass ihr Team nicht kreativ genug ist.

Sie nimmt die Rolle „Innovator" ein und macht die Arbeit ihrer Mitarbeiter letztlich mit.

Sie erzieht ihr Team dazu, sich auch bei zukünftigen Ideenfindungen in letzter Instanz auf sie als Führungskraft zu verlassen.

Sie sorgt damit für wenig Kreativität im Team und entwickelt ihre Mitarbeiter nicht zur Lösungsorientierung.

**Die negative Wirkung für
das Team:**

Die Mitarbeiter werden nicht
wirklich gefordert und damit
auch nicht gefördert.

Das Team hat keine
Notwendigkeit, Lösungsfähigkeit
zu entwickeln.

Es empfindet die Fragen seiner
Führungskraft damit sogar als
Farce.

**Das Team lernt, dass die
Führungskraft letztlich sowieso
die Ideen selbst bringen wird
und wird lethargisch.**

Mit „*Kreativität braucht Druck.*" wäre es besser gelaufen ...

Die positive Wirkung für die Führungskraft:

Sie entwickelt das Team in seiner Kreativität gezielt weiter.

Sie fordert und fördert die Lösungsfähigkeit ihrer Mitarbeiter.

Sie motiviert dadurch letztlich ihre Mitarbeiter und sorgt für persönliches Wachstum.

Sie nutzt die Kreativität des Systems und ist damit erfolgreicher als nur mit ihren eigenen Ideen.

**Die positive Wirkung für
das Team:**

Die Mitarbeiter werden in ihrer
Rolle als Fachkräfte gefordert.

Das Team kann sich konsequent
weiterentwickeln.

Es respektiert seine
Führungskraft als
Innovationsmanager und
verlässt sich nicht auf sie als
„Retter".

**Das Team entwickelt Stolz auf
seine Leistungsfähigkeit und
Kreativität.**

Fünf wirkungsvolle Tipps für die Anwendung

Tipp 1:
Die „Was noch"-Frage

Wenn Sie als Führungskraft die Kreativität Ihrer Mitarbeiter brauchen, ist die „Was noch"-Frage besonders hilfreich. Diese Situationen können Brainstormings sein oder Zeitpunkte, in denen Sie Ideen zur Lösung eines Problems benötigen. Dabei gibt es immer Momente, in denen den Mitarbeitern nichts mehr einfällt. Hier kommen Sie nur mit Penetranz weiter. Kreativität braucht grundsätzlich Druck und dieser wird durch Wiederholung ausgelöst. Fragen Sie gezielt: „Welche Ideen haben Sie noch?". Das Wort Penetranz wird in unserer Gesellschaft oftmals nicht gerne gehört. Sie ist jedoch eine Voraussetzung für Erfolg. Die „Was noch"-Frage ist die Penetranz-Frage der Ideenfindung und da sie nicht komplex ist, ist sie auch optimal zur Kreativitätsförderung geeignet.

Tipp 2:
Schweigen ist kraftvoll

Als Führungskraft sind Sie der Innovationsmanager Ihres Teams. In Phasen der Ideenfindung geht es darum, in Ihrem Team Kreativität zu einem bestimmten Projekt, Thema oder zu einer wichtigen Frage zu entwickeln. Wenn Sie im Rahmen des Brainstormings gezielt schweigen und abwarten, ist dies eine klare und unmissverständliche Botschaft an Ihre Mitarbeiter, dass Sie weitere Ideen erwarten. Sehen Sie das Schweigen dabei jedoch nicht als Technik an: Es geht nicht darum, wer es am längsten aushalten kann. Vielmehr ist das hier gezeigte Schweigen mit der Grundhaltung verbunden, dass Sie an das Potenzial Ihrer Mitarbeiter glauben und Ihnen deshalb den Freiraum und die Zeit für weitere Ideenfindung einräumen.

Tipp 3:
„Und wie kriegen Sie es trotzdem hin?"

Diese Frage müssen Sie stellen, wenn Ihr Team eher problemorientiert arbeitet. In diesem Fall werden häufig zunächst alle Hindernisse aufgezeigt. Seien Sie deshalb besonders penetrant und fragen Sie, wie Ihre Mitarbeiter die Aufgabe trotz der Hindernisse erledigen können. Dies lenkt den Blick nach vorn auf die Lösung und nicht zurück auf das Problem. So zeigen Sie nachdrücklich, dass eine Lösung zwingend gefunden werden muss. Der entstehende Druck fördert Kreativität.

Tipp 4:
Drei Wellen abwarten

Während eines Brainstormings kommen in der Regel viele Ideen. Hier gilt es, insgesamt drei Wellen abzuwarten. Ist die erste Welle an Ideen vorüber, darf noch nicht abgebrochen werden. Es kommen noch mindestens zwei weitere Wellen. Schweigen Sie stattdessen oder stellen Sie die „Was noch"-Frage. Irgendwann setzt die nächste Welle ein und die Ideenfindung geht weiter. Nur wenn Sie die drei Wellen abwarten, werden Sie am Ende die gewünschte Kreativität in Ihrem Team erzielen.

Tipp 5:
Eine Deadline ist auch wirklich DIE Deadline

Kreativität braucht Druck. Nur muss dieser Druck auch wirklich real sein. Wenn Sie eine Deadline setzen, dann muss diese Deadline auch als finaler Termin gelten. Es bringt nichts, eine Deadline zu setzen und diese am Ende nicht ernst zu nehmen. Dadurch lernt Ihr System dann nur, dass der gesetzte Druck in Wahrheit keiner ist. Was wurde gesagt und was ist wirklich gemeint? Daran passt sich jedes System an.

Sechs mögliche Fallen bei der Umsetzung

Falle 1:
Der Wunsch, zu schnell zu retten

Diese Falle betrifft harmoniebedürftige Führungskräfte und tritt dann auf, wenn das sich Team mit einer Aufgabe schwertut. Sind Sie als Führungskraft zu voreilig und wollen das Team zu schnell retten, werden Sie zur Ziehungskraft. Ihr System lernt, dass es sich zurücklehnen kann, weil Sie in letzter Instanz die Aufgaben erfüllen und die Kreativität einbringen. Sie ziehen dann den Karren selbst den Berg hoch.

Falle 2:
Die Mitarbeiter schweigen penetrant

Hier liegt die Vermutung nahe, dass Ihre Mitarbeiter keine Ideen mehr haben. Doch Vorsicht: Die Versuchung ist groß, selbst Impulse setzen zu wollen. Sätze wie „Denken Sie doch mal in folgende Richtung ..." fallen in diesen Situationen häufig. Doch immer, wenn Sie diese Hinweise geben, hat Ihr System die Vermutung, dass es sich bei der Ideenfindung eigentlich um ein „Such Struppi, such"-Spiel handelt und das wirkt dann kontraproduktiv. Deshalb gilt: Schweigen aushalten können!

Falle 3:
Hilfesuchende Blicke und Stöhnen

Es gibt Mitarbeiter, die gerne in die Opferrolle schlüpfen und den Helden in der Führungskraft wecken wollen. Es gilt: Eine wichtige Aufgabe in der Führung von Mitarbeitern ist auch deren persönliche Weiterentwicklung zu forcieren. Deshalb müssen Sie Ihr Team fordern und fördern. Gerade das Fordern ist eine entscheidende Voraussetzung für Wachstum.

Falle 4:
Sich durch die Gegenfrage reizen lassen

Wenn Sie von Ihren Mitarbeitern kreative Vorschläge hören wollen und als Antwort eine Gegenfrage erhalten, gilt es, aufzupassen. Diese Taktik ist sehr geschickt gewählt. Versuchen Sie, der Versuchung nicht zu erliegen, darauf einzugehen. Eine Gegenfrage ist nichts weiter als der Versuch des Mitarbeiters, sich der Drucksituation zu entziehen. *„Führungskräfte fragen, Fachkräfte antworten."* Nicht umgekehrt.

Falle 5:
„Wir haben ja nicht ewig Zeit …"

Dieser Gedanke kann in zweierlei Hinsicht auftreten. Entweder ist es ein Impuls bei mir selbst oder meine Mitarbeiter signalisieren mir das. Auch hier geht es darum, Spielregeln zu setzen und durchzusetzen. Wenn ich Ideen erwarte, dann muss das Team die nötige Kreativität zeigen. Lassen Sie sich nicht durch Hinweise auf Zeit aus der Ruhe bringen. Ansonsten lernt Ihr System, dass es nur das Problem „Zeitfaktor" ansprechen muss, um sich der unangenehmen Aufgabe zu entledigen.

Falle 6:
Zu intelligente Fragen stellen

Je intelligenter und komplexer die Frage formuliert ist, desto eingeschränkter ist typischerweise die Kreativität in Teams. Tatsächlich benötigen wir einfache, offene Fragen, die penetrant und wiederholend gestellt werden, um wirklich erfolgreiche Brainstormings in einer Gruppe durchzuführen. Komplizierte Fragen schränken zu sehr ein und lösen damit eher Blockaden als Ideenfluss aus.

Typische Fragen aus der Praxis

Was macht den Unterschied zwischen Druck und Angst?

Wie bereits erwähnt gibt es eine Vielzahl an Unterschieden. Ein besonderer Faktor beim „Führen durch Angst" ist die Unberechenbarkeit der Führungskraft. Dagegen setzt „Führen mit Druck" auf klare, bekannte und transparente Regeln, die Sie auch durchsetzen und bei Verstößen mit Konsequenzen ahnden. Aus Wirkungssicht ist dies der weitaus bessere und nachhaltigere Weg. Willkür, Inkonsequenz und Emotionalität sorgen für Angst und sind in der Führung schlechte Mechanismen. Sie sollten aus Wirkungssicht tunlichst vermieden werden.

Was mache ich, wenn ich die Lösung schon kenne?

Stellen Sie niemals Fragen nach Ideen, auf die Sie die Antwort bereits kennen. Ihr Team fühlt sich in diesen Situationen auf den Arm genommen. Warum sollten Ihre Mitarbeiter Ideen finden, wenn Sie als Führungskraft bereits im Vorfeld beschlossen haben, welche umgesetzt wird? Legen Sie sich vor einer Ideenfindung also nicht auf einen bestimmten Weg fest, sondern seien Sie offen für alle Ideen. Ansonsten ist es besser, die Kreativität des Teams nicht abzufragen. Es gilt: *„Ehrlich einbeziehen statt falsch spielen."*

Darf ich keine eigenen Ideen einbringen?

Doch, ich muss mir aber darüber im Klaren sein, ob meine Ideen bereits die finale Lösung darstellen. Falls ja, dann sollten Sie keine weiteren Ideen abfragen. Wenn nein, dürfen Sie Ihre Ideen auch einbringen. Wichtig ist jedoch, dass Sie wirklich eine offene Haltung für weitere Ideen einnehmen. Geben Sie Ihren Mitarbeitern dabei deutlich zu verstehen, dass Sie weitere Ideen des Teams hören wollen. Bringen Sie Ihre eigenen Ideen am besten zu Beginn des Brainstormings oder aber ganz am Ende ein, wenn Ihr Team erschöpft ist. Aber Achtung: Wenn im Anschluss an die Ideenfindung immer nur Ihre Ideen genommen werden, laufen Sie Gefahr, dass sich Ihr System zukünftig zurücklehnt.

Was mache ich, wenn meine Mitarbeiter gar keine Ideen haben?

Das kann nicht sein. Vielleicht haben sie nicht die besten Ideen, aber es ist nicht möglich, dass ein Team gar keine Ideen hat. Irgendeinen Ansatz gibt es immer. Insofern wäre dies ein Indiz für Sie, dass Ihre Mitarbeiter gelernt haben, im Zweifel sowieso von Ihnen „gerettet" zu werden. Dann wird ein Team automatisch unkreativ. Als Führungskraft ist es nicht Ihre Aufgabe, der Innovator des Teams zu sein. Sie sind viel mehr der Innovationsmanager. Ein Innovator hat die Ideen, ein Innovationsmanager lenkt und steuert ein System so, dass die besten Ideen durch das Team selbst entstehen. Es ist selbstverständlich nicht auszuschließen, dass Sie als Führungskraft auch Ideen haben und diese im Team einbringen. Dieser Vorgang darf nur nicht zur Routine werden.

Wie gehe ich mit unsinnigen Ideen um?

Zu Beginn einer Ideenfindung geht es immer darum, alle Ansätze und Überlegungen zu sammeln. In dieser Phase gibt es keine unsinnigen oder falschen Ideen. Während der Ideenfindung dürfen Sie keine Ansätze kommentieren und Einzellob oder Einzelkritik äußern. Nehmen Sie die Ideen auf und seien Sie in der Sammlung völlig unkritisch. Es ist ratsam, den Fluss der Ideen nicht zu stören. Sie beenden die Kreativität, wenn Sie zu schnell bewerten. Auch wenn Sie eine Idee für unsinnig halten, lassen Sie es sich nicht anmerken. Eine spontane und unberechenbare Kritik hilft niemandem.

Ein Moment zur Selbstreflexion ...

WELCHE ZWEI NEGATIV-WIRKUNGEN FÜR DIE FÜHRUNGSKRAFT SIND FÜR MICH AM GRAVIERENDSTEN?

- ☐ Sie ist frustriert, dass ihr Team nicht kreativ genug ist.

- ☐ Sie nimmt die Rolle „Innovator" ein und macht die Arbeit ihrer Mitarbeiter letztlich mit.

- ☐ Sie erzieht ihr Team dazu, sich auch bei zukünftigen Ideenfindungen in letzter Instanz auf sie als Führungskraft zu verlassen.

- ☐ Sie sorgt damit für wenig Kreativität im Team und entwickelt ihre Mitarbeiter nicht zur Lösungsorientierung.

WELCHE ZWEI NEGATIV-WIRKUNGEN FÜR DAS TEAM SIND FÜR MICH AM KRITISCHSTEN?

- ☐ Die Mitarbeiter werden nicht wirklich gefordert und damit auch nicht gefördert.

- ☐ Das Team hat keine Notwendigkeit, Lösungsfähigkeit zu entwickeln.

- ☐ Es empfindet die Fragen seiner Führungskraft damit sogar als Farce.

- ☐ Das Team lernt, dass die Führungskraft letztlich sowieso die Ideen selbst bringen wird und wird lethargisch.

Kreativität braucht Druck.

WELCHER TIPP WAR FÜR MICH AM WIRKUNGSVOLLSTEN?

- ☐ Die „Was noch"-Frage

- ☐ Schweigen ist kraftvoll

- ☐ „Und wie kriegen Sie es trotzdem hin?"

- ☐ Drei Wellen abwarten

- ☐ Eine Deadline ist auch wirklich DIE Deadline

WELCHE FALLE IST FÜR MICH AM HERAUSFORDERNDSTEN?

- ☐ Der Wunsch, zu schnell zu retten

- ☐ Die Mitarbeiter schweigen penetrant

- ☐ Hilfesuchende Blicke und Stöhnen

- ☐ Sich durch die Gegenfrage reizen lassen

- ☐ „Wir haben ja nicht ewig Zeit …"

- ☐ Zu intelligente Fragen stellen

WAS NEHME ICH MIR FÜR DIE ZUKUNFT KONKRET VOR?

FAVORITEN
STÖREN
TEAMS.

Nutzen und Einsatz des Wirkungsprinzips

•

Wirkungsvolle Tipps für die Anwendung

•

Mögliche Fallen bei der Umsetzung

•

Typische Fragen aus der Praxis

•

Ein Moment zur Selbstreflexion ...

Nutzen und Einsatz des Wirkungsprinzips

Als Führungskraft stellt man sich häufig die Frage, wie Mitarbeiter am besten zu motivieren sind. Im Umkehrschluss ist es aber auch wichtig, die Gegenfrage zu stellen: Was trägt zur Demotivation bei? In der Mitarbeiterführung gilt immer: Bevor Sie anfangen zu motivieren, müssen sie erst einmal aufhören zu demotivieren. Motivation heißt Mitarbeiter bewegen, Demotivation heißt im Umkehrschluss Mitarbeiter zum Stillstand zu bringen.

Es gibt zwei Verhaltensmuster, die zu den häufigsten Ursachen von Demotivation gehören:

1. Toleranz von Fehlverhalten
2. Favoritentum

Lassen Sie das Fehlverhalten eines Mitarbeiters ohne Konsequenzen durchgehen, sorgen Sie für einen negativen Strahleffekt in Ihrem Team. Ihre anderen Mitarbeiter stellen sich dann schnell die Frage: Warum soll ich die Aufgabe erledigen, wenn sich mein Kollege ohne Konsequenz einfach davor drücken kann? Mit der Toleranz von Fehlverhalten können Sie Ihre Mitarbeiter schnell zur Unlust und Demotivation führen.

Auch ein Favoritentum seitens der Führungskraft sorgt für diesen negativen Strahleffekt. Behandeln Sie einen einzelnen Mitarbeiter anders als die anderen, wird dies in Ihrem Team kritisch wahrgenommen. Befindlichkeiten beim Rest Ihrer Mitarbeiter sind die Folge. Das Interessante am Favoritentum: Es kann in zwei Richtungen auftreten. Sowohl eine besonders positive als auch eine besonders negative Sonderbehandlung eines Mitarbeiters wird als Favoritentum gewertet und wirkt sich negativ auf die Motivation Ihres Teams aus. Ein öffentliches

Einzellob oder eine öffentliche Einzelkritik erzeugen zum Beispiel genau diesen Effekt. Sie stören die Teamdynamik und Motivation.

Stellen Sie sich folgendes Beispiel vor: Sie sind mit einer größeren Gruppe zu Gast in einem Restaurant. Während der Bestellung der Speisen lobt der Kellner ausschließlich die Bestellung einer Person und sagt: „Das ist eine gute Wahl!" In dieser Situation fragen sich sofort alle anderen Gruppenmitglieder, ob ihre Bestellung eine schlechte Wahl gewesen ist. Wir sind in dieser Hinsicht sehr empfindsam und beziehen ein Einzellob für andere direkt auf unsere persönliche Situation.

Öffentliches Einzellob und öffentliche Einzelkritik sind für Führungskräfte gefährlich. Sie sorgen für eine unnötige Verstimmung im Team. Ihre Mitarbeiter fragen sich, warum Sie ausgerechnet diesen einen Mitarbeiter loben oder warum Sie gegen einen Mitarbeiter persönlich etwas haben, weil Sie ihn vor allen Teammitgliedern kritisieren. Es ist dabei häufig zu beobachten, dass das Team einer öffentlichen Einzelkritik zwar inhaltlich zustimmt, jedoch mit der Art und Weise nicht einverstanden ist. Derjenige, den die Einzelkritik trifft, bekommt schnell eine Art „Märtyrerstellung" und erhält Zuspruch, weil alle mit ihm fühlen.

Der Respekt vor Ihnen als Führungskraft leidet dabei. Das Resultat sind sowohl implizite als auch explizite Vorwürfe, dass Sie nicht fair mit Ihren Mitarbeitern umgehen. Natürlich sind Sie nicht frei davon, persönliche Vorlieben und Sympathien für einen Einzelnen zu haben. Jeder von uns hat bestimmte Personen innerhalb eines Teams, mit denen er besser klarkommt als mit anderen. Es wird nur dann problematisch, wenn wir diese Vorlieben oder Abneigungen öffentlich zeigen. Um mögliche Befindlichkeiten von vornherein zu vermeiden, ist es wichtig, dass Sie als Führungskraft immer berücksichtigen, dass Sie Einzellob und Einzelkritik nie öffentlich äußern. Denn: **Favoriten stören Teams.**

Eine vereinfachte Situation

Die Führungskraft hat ein Meeting einberufen.

Das Team ist pünktlich mit Ausnahme von einem Mitarbeiter, der unabgesprochen erst später erscheint.

Die Führungskraft kritisiert den Mitarbeiter sehr scharf vor der gesamten Mannschaft.

Ein Mitarbeiter kommt zu spät zu einem avisierten Meeting.

Er wird von seiner Führungskraft massiv vor allen anderen kritisiert.

Er beginnt, sich erst zu rechtfertigen, und sagt im Anschluss daran im Meeting dann keinen Ton mehr.

Die Führungskraft hat öffentlich Einzelkritik geübt!

Die negative Wirkung für die Führungskraft:

Sie beeinflusst durch die Einzelkritik in der Öffentlichkeit die Stimmung im Team negativ.

Sie läuft Gefahr, sich öffentlich zu emotional zu äußern.

Sie sorgt für eine Art Rudelbildung, da einige ihrer Mitarbeiter zu dem kritisierten Kollegen halten.

Sie senkt die Effizienz der Teamarbeit und sorgt gegebenenfalls sogar für eine Angstkultur.

Die negative Wirkung für das Team:

Die Mitarbeiter erleben eine negative Form von Favoritentum.

Das Team empfindet in dem Vorgehen der Führungskraft eine Unfairness.

Es versteht die Kritik inhaltlich, ist aber mit der Art und Weise nicht einverstanden.

Das Team erlebt das Vorgehen als Demotivation und „Einschüchterung".

Mit *„Favoriten stören Teams."* wäre es besser gelaufen ...

Die positive Wirkung für die Führungskraft:

Ihre Sitzung bleibt effizient und effektiv, da das Kritikgespräch im Nachgang unter vier Augen stattfindet.

Sie läuft keine Gefahr, einzelne Mitarbeiter zu Märtyrer oder Helden zu machen und damit zu Silos im Team beizutragen.

Sie wird von den Mitarbeitern für ihre wertschätzende Art respektiert.

Sie sorgt für einen respektvollen und gleichzeitig konsequenten Umgang.

**Die positive Wirkung für
das Team:**

Die Mitarbeiter empfinden das
Vorgehen der Führungskraft als
respektvoll.

Das Team weiß, dass die
angebrachte Kritik für das
Fehlverhalten im Nachgang
durch ein Kritikgespräch geklärt
wird.

Es erlebt, dass die Führungskraft
keine Toleranz von Fehlverhalten
zulässt.

**Das Team empfindet die Art der
Führungskraft als konsequent
und verlässlich.**

Vier wirkungsvolle Tipps für die Anwendung

Tipp 1:
Seien Sie respektvoll UND konsequent

Im Umgang mit Mitarbeitern ist die richtige Kommunikation der entscheidende Faktor, denn das „WIE" färbt immer auch das „WAS". Deshalb ist es wichtig, dass Sie sich nicht dazu hinreißen lassen, eine Einzelperson gesondert zu behandeln. Stattdessen müssen Sie als Führungskraft die richtige Kombination aus respektvollem Umgang und konsequentem Agieren finden. Konsequent sein bedeutet einerseits, dass Sie ein Fehlverhalten niemals durchgehen lassen und dies zum Beispiel durch Kritikgespräche unter vier Augen klären. Konsequent bedeutet aber auch, dass Sie besonders positive Leistung ebenfalls nicht unbeachtet lassen, sondern in einem kurzen, zeitnahen Vier-Augen-Lobgespräch würdigen. Diese gelebte Konsequenz in Kombination mit einem respektvollen Umgang sorgt für die nötige Motivation im Team.

Tipp 2:
Lieber weise als stark

Es fühlt sich manchmal durchaus gut an, Einzelkritik öffentlich zu üben. Das mag einem STARK vorkommen, weil man sich nicht auf der Nase herumtanzen lässt. Aber es ist nicht WEISE. Stark sein heißt in diesem Fall direkt reagieren. Sind Sie weise, fragen Sie sich zuerst, was Ihr übergeordnetes Ziel ist. Als Führungskraft sollte es Ihnen immer darum gehen, Mitarbeiter zu entwickeln und Ihr System voranzubringen. Dies kann jedoch nur erreicht werden, wenn Sie weise handeln. Statt emotional heftig zu reagieren und Einzelkritik in der Öffentlichkeit zu üben, ist es ratsamer, die Emotionen zu drosseln und später konsequent und typgerecht ein Kritikgespräch zu führen.

Tipp 3:
Kritik oder Lob niemals sammeln

Im Alltageschehen passiert es leicht, dass Kritik oder Lob „aufgespart" beziehungsweise gesammelt wird und dann in einem einzigen Gespräch kompakt vermittelt. Dieses Vorgehen hat im übertragenen Sinne eine Art „Nikolaus-Effekt": Einmal im Jahr kommt jemand mit einem großen goldenen Buch, Knecht Ruprecht und einer Rute vorbei und dann wird „abgerechnet". Das ist spannend, aber im Hinblick auf Führung in keiner Weise wirkungsorientiert. Ist etwas schiefgelaufen, sollten Sie immer unmittelbar nach dem Ereignis das Gespräch suchen. Das Gleiche gilt für Lob. Kritikgespräche haben das Ziel, ein fehlerhaftes Verhalten eines Mitarbeiters zu ändern. Bei Lobgesprächen geht es darum, das erwünschte Verhalten des Mitarbeiters zu bestärken. Diese Ziele von Kritik- und Lobgesprächen können aber nur erreicht werden, wenn sowohl Kritik als auch Lob zeitnah geäußert werden und so entweder schnelle Kurskorrekturen oder Kursbestätigungen darstellen.

Tipp 4:
Den Mitarbeiter für ein Einzellob in Ihr Zimmer bitten

Auch Lobgespräche sollten immer unter vier Augen stattfinden. Wenn Sie die Möglichkeit dazu haben, tun Sie dies auch! Dies fühlt sich etwas komisch an, da der Mitarbeiter ja meist nur bei Kritik zur Führungskraft gebeten wird. Doch Lob hinter verschlossenen Türen wirkt noch intensiver auf Ihren Mitarbeiter. Ihm gehört für einen kurzen Moment Ihre ungeteilte Aufmerksamkeit, was einen besonders positiven Kommunikationseffekt hat. Sie sorgen sofort für eine andere Atmosphäre und das Lob wirkt wertiger. Darüber hinaus werden solche Situationen besonders in Erinnerung behalten.

Vier mögliche Fallen bei der Umsetzung

Falle 1:
Ein „Exempel statuieren" wollen

Ein „Exempel zu statuieren" liegt vielleicht manchmal auf der Hand, weil man sich als Führungskraft einfach nicht auf der Nase herumtanzen lassen will. Letztlich ist es jedoch überhaupt nicht hilfreich. Ihre Mitarbeiter sollen ein bestimmtes Fehlverhalten verändern. Ein „Exempel" erreicht dies vielleicht, sorgt jedoch auch dafür, dass eine Angstkultur entsteht. Konsequenz in der Führung ist essenziell, Angst ist jedoch genau der falsche Ansatz. Ihre Mitarbeiter fangen an zu überlegen, wie sie solche Situationen vermeiden können und werden weniger kreativ und immer häufiger reaktiv agieren. Mitarbeiter entwickeln bezieht sich nicht vorrangig auf die Korrektur von Fehlverhalten, sondern auf das Schaffen von Eigeninitiative. Deshalb ist es wichtig, dass Sie in Ihrem Team keine Angstkultur erzeugen. Seien Sie daher bewusst respektvoll in der Öffentlichkeit, aber konsequent hinter verschlossenen Türen.

Falle 2:
Durch Einzellob die anderen Mitarbeiter anspornen wollen

Die Annahme liegt nahe, dass ein öffentliches Einzellob die anderen Mitarbeiter anspornen kann. Das Gegenteil trifft jedoch zu! Sie haben als Führungskraft in diesem Fall in den Augen Ihrer Mitarbeiter kein Einzellob geübt, sondern vielmehr eine Gruppenkritik angebracht. Das hat zur Folge, dass der gelobte Mitarbeiter mehr und mehr vom Team ausgegrenzt wird. In der Schule haben wir diesen Effekt anhand der „Streber" erleben können. Die Entwicklung der Teamdynamik bleibt damit auf der Strecke. Natürlich muss es Ihnen darum gehen, Ihre Mitarbeiter anzuspornen, aber nicht auf Kosten anderer. Zeigen Sie dem einzelnen Mitarbeiter lieber unter vier Augen, wie er sich im Vergleich zu vorher positiv entwickelt hat. Das spricht sich schon von ganz alleine herum.

Falle 3:
„Den Mitarbeiter habe ich schon so lange nicht gelobt ...“

„... der braucht das mal wieder.“ Sätze wie dieser zielen nur darauf ab, Defizite auszugleichen. Es geht also in diesem Moment nicht darum, das Verhalten des Mitarbeiters durch ein ehrliches Lob zu verstärken, sondern nur „aufzuholen“, was man vielleicht vorher versäumt hat. Mit diesem Grundgedanken reduzieren Sie jedoch Ihr Lob in seiner Wirkung. Es passiert dann aus der Vergangenheit heraus und eigentlich aufgrund eines „aufgestauten“ Mangels. Es hat also mit einem aktuellen Anlass für Lob nichts zu tun, wirkt deshalb aufgesetzt und entwickelt nur wenig positive Wirkung.

Falle 4:
„Der Mitarbeiter muss mal wieder auf den Boden der Tatsachen zurückgeholt werden ...“

Auch in diesem Fall gehen Sie als Führungskraft Ihren Emotionen nach und nicht dem sachlichen Zustand der Situation. Eine Kritik muss erfolgen, weil Sie eine Verhaltensveränderung erzeugen wollen, und nicht, weil Sie der Meinung sind, dass sich ein bestimmter Mitarbeiter selbst zu gut sieht oder überheblich verhält. Stellen Sie sich folgende Fragen: Welches Verhalten habe ich erwartet? Welches Verhalten ist letztendlich eingetreten? Die „pauschale“ Arroganz eines Mitarbeiters ist noch kein Grund für Kritik. Lediglich die Differenz zwischen erwartetem und tatsächlichem Verhalten in einer konkreten Situation ist der richtige Anlass für das Kritikgespräch.

Typische Fragen aus der Praxis

Wie bekommt es das Team mit, dass ich konsequent bin?

Es gilt immer die Prämisse, dass Sie Fehlverhalten niemals tolerieren sollen. Die Maßgabe „Respektvoll in der Öffentlichkeit, konsequent im Vier-Augen-Gespräch" lässt natürlich vermuten, dass Ihr Team Ihr konsequentes Handeln gar nicht bemerkt. Bekommt Ihr System den Eindruck, dass Sie alles durchgehen lassen, nur weil Sie öffentlich keine Kritik äußern? Die Antwort ist ganz klar: Nein! Sie brauchen in kleinen, mittleren oder großen System diesbezüglich keine Sorge haben. Hier zeigt die Praxis, dass alles, was hinter verschlossenen Türen passiert, am Ende doch herauskommt. Das ist ein für Sie hilfreiches Phänomen. Jeder in Ihrem Team weiß, dass ein Kritikgespräch geführt worden ist und daher auch, dass Sie als Führungskraft konsequent sind. Sie müssen nichts zu dieser Kommunikation beisteuern – noch nicht einmal implizite Andeutungen sind notwendig. Es passiert von selbst und sorgt für ein kollektives Wissen in Bezug auf Ihre Konsequenz.

Kann ich die ganze Gruppe loben oder kritisieren?

Ja. Die Voraussetzung dafür ist, dass sich das Lob oder die Kritik auch wirklich auf alle beziehen. Wenn Sie eigentlich nur einige Teammitglieder meinen, bringt ein Gruppenlob nichts, da sich nicht alle angesprochen fühlen. Mehr noch: Die, die eigentlich gelobt werden sollten, fühlen sich sogar etwas herabgesetzt. Gleiches gilt auch für Kritik. Mitarbeiter, die nicht vom Fehlverhalten betroffen sind, aber trotzdem Teil der Gruppenkritik werden, fühlen sich berechtigterweise zu unrecht kritisiert. Kritik und Lob müssen daher immer für alle gelten, wenn Sie sie in der Gruppe äußern wollen. Sonst gehören diese nicht in die Öffentlichkeit, sondern in Einzelgespräche hinter verschlossenen Türen.

Wie hilfreich sind Sanktionen gegen eine ganze Gruppe, wenn nur ein einzelner Mitarbeiter verantwortlich ist?

Überhaupt nicht. Solche Kollektivbestrafungen haben eine negative Wirkung für den Zusammenhalt und die Zusammenarbeit im Team. Wenn das gesamte Team unter dem Fehlverhalten eines Einzelnen leiden muss, reduzieren Sie die Teamdynamik und minimieren die Motivation der einzelnen Teammitglieder. Dazu gesellt sich noch ein unglücklicher Effekt: Interessanterweise sehen Mitarbeiter in so einem Vorgehen häufig ein Verstecken der Führungskraft hinter der Gruppe. Anstatt gezielt Einzelkritik unter vier Augen zu üben, wird pauschal die Gesamtheit angesprochen. Implizit unterstellen die Mitarbeiter der Führungskraft dann fehlendes Rückgrat gegenüber dem Einzelnen.

Sind Auszeichnungen wie „Mitarbeiter des Monats" falsch?

Nein, falsch sind diese Auszeichnungen nicht. Sie können jedoch Verstimmungen auslösen. In vielen Organisationen erzeugen sie sogenannte „Long Face Days": Der Rest der Mitarbeiter zieht ein langes Gesicht und ärgert sich über die Preisvergabe. Auch ein gefühltes Favoritentum ist immer wieder Thema solcher Verleihungen. Dennoch können sie anspornen. Allerdings gilt: Lassen Sie sich nicht dazu hinreißen, die Übergabe der Preise auch noch zu kommentieren. Jede Form von Kommentierung sorgt für negative Strahleffekte. Mit anderen Worten: Die „Bundesliga-Tabelle" ist Ansporn genug, wenn jetzt noch die Platzierung von der Führungskraft mit Kommentaren wie „Ich habe mich besonders gefreut …", „Das war herausragend …", „Ich bin schon ein wenig enttäuscht …" oder Ähnlichem garniert wird, dann wird der Fokus von dem objektiven Benchmarking ab- und auf die Form der Preisvergabe gelenkt. Dies führt dann das Motivationsinstrument ad absurdum und macht es zu einem (negativen) Emotionsinstrument.

Ein Moment zur Selbstreflexion …

WELCHE ZWEI NEGATIV-WIRKUNGEN FÜR DIE FÜHRUNGSKRAFT SIND FÜR MICH AM GRAVIERENDSTEN?

☐ Sie beeinflusst durch die Einzelkritik in der Öffentlichkeit die Stimmung im Team negativ.

☐ Sie läuft Gefahr, sich öffentlich zu emotional zu äußern.

☐ Sie sorgt für eine Art Rudelbildung, da einige ihrer Mitarbeiter zu dem kritisierten Kollegen halten.

☐ Sie senkt die Effizienz der Teamarbeit und sorgt gegebenenfalls sogar für eine Angstkultur.

WELCHE ZWEI NEGATIV-WIRKUNGEN FÜR DAS TEAM SIND FÜR MICH AM KRITISCHSTEN?

☐ Die Mitarbeiter erleben eine negative Form von Favoritentum.

☐ Das Team empfindet in dem Vorgehen der Führungskraft eine Unfairness.

☐ Es versteht die Kritik inhaltlich, ist aber mit der Art und Weise nicht einverstanden.

☐ Das Team erlebt das Vorgehen als Demotivation und „Einschüchterung".

WELCHER TIPP WAR FÜR MICH AM WIRKUNGSVOLLSTEN?

☐ Seien Sie respektvoll UND konsequent

☐ Lieber weise als stark

☐ Kritik oder Lob niemals sammeln

☐ Den Mitarbeiter für ein Einzellob in Ihr Zimmer bitten

WELCHE FALLE IST FÜR MICH AM HERAUSFORDERNDSTEN?

☐ Ein „Exempel statuieren" wollen

☐ Durch Einzellob die anderen Mitarbeiter anspornen wollen

☐ „Den Mitarbeiter habe ich schon so lange nicht gelobt ..."

☐ „Der Mitarbeiter muss mal wieder auf den Boden der Tatsachen zurückgeholt werden ..."

WAS NEHME ICH MIR FÜR DIE ZUKUNFT KONKRET VOR?

RAHMENGEBER
BLEIBEN –
IMMER!

Nutzen und Einsatz des Wirkungsprinzips

•

Wirkungsvolle Tipps für die Anwendung

•

Mögliche Fallen bei der Umsetzung

•

Typische Fragen aus der Praxis

•

Ein Moment zur Selbstreflexion ...

Nutzen und Einsatz des Wirkungsprinzips

In jedem Team gibt es funktionale Rollen wie zum Beispiel die des Sachbearbeiters, des Spezialisten, des Projektleiters und weitere. Darüber hinaus gibt es aber auch sogenannte Dynamikrollen, also Rollen, die die Teamdynamik beeinflussen. Diese haben für die wirkungsorientierte Führung von Teams eine ganz besondere Wichtigkeit. Dabei handelt es sich um folgende Rollen:

Der **Innovator** ist ein Mitarbeiter, der immer wieder frischen Wind in das Team bringen möchte. Er ist ein dynamischer Typ, der durch seine Energie und seine Aufgeschlossenheit gegenüber neuen Ideen besticht und Kreativität einbringt.

Als **Stabilisator** agieren Mitarbeiter, die zur Entschleunigung beitragen. Für sie liegt der Fokus auf der Umsetzung von Aufgaben. Manchmal wird diese Rolle auch „Bremser" genannt, da es dem Stabilisator nicht darum geht, immer wieder kreativ neue Wege zu finden, sondern einfach bereits bestehende Aufgaben abzuschließen.

Ein **Indikator** fungiert als Warnlampe im System. Das Miteinander und die Stimmung im Team sind für ihn entscheidend. Er ist derjenige, der auf mögliche Konflikte hinweist und allparteilich dafür sorgen möchte, dass die Stimmung stets positiv bleibt.

Der **Rahmengeber** hingegen gibt Ziele vor, achtet auf Sinnhaftigkeit und setzt die Spielregeln für die Teammitglieder. Dazu ist es besonders wichtig, dass er diese gesetzten Regeln durchsetzt und Verstöße sanktioniert.

Die Rollen Innovator, Stabilisator und Indikator sind Rollen, in die wir uns je nach Persönlichkeit automatisch einfinden. Sie sind sogenannte

Neigungsrollen. Wir haben also die Neigung, die jeweilige Rolle zu erfüllen. Die Rolle des Rahmengebers ist dagegen zugewiesen. Sie gehört der Führungskraft und muss von ihr ausgefüllt werden. In der Praxis ist es eine große Herausforderung, in der Rolle des Rahmengebers zu bleiben und nicht der Neigung zu folgen, eine der anderen Rollen einzunehmen.

Denn: Übernimmt die Führungskraft eine andere Rolle als die des Rahmengebers, ist der Effekt dramatisch:

Wird die **Führungskraft** zum **Innovator**, zieht sie mit ihren Ideen das gesamte Team, insbesondere die Stabilisatoren, hinter sich her. Das Team lernt, dass es nicht kreativ sein muss und die besten Ideen von der Führungskraft kommen. Dies beeinflusst die Dynamik des Teams negativ. Darüber hinaus gibt es kein Korrektiv mehr für Ideen der Mitarbeiter, wenn die Führungskraft selbst der Ideengeber ist.

Ist die **Führungskraft** gleichzeitig auch ein **Stabilisator**, wird sie zum „Verhinderer". Das heißt, dass sich vor allem kreative Mitarbeiter (die Innovatoren) mit ihrem Engagement regelmäßig abgelehnt fühlen.

Wird die **Führungskraft** zum **Indikator**, ist sie gleichzeitig „Ausgleicher" und „Fähnchen im Wind". Sie achtet darauf, dass es jedem gut geht und will es allen recht machen. Der Fokus geht dabei nach innen. Die Frage, wie es dem Team geht, ist in diesem Fall die alles entscheidende. Das Team verliert Erfolgsorientierung, da kein Fokus nach außen existiert.

Als Führungskraft müssen Sie diesen Versuchungen widerstehen. Sie sind der Rahmengeber. Das ist die Rolle der Distanz. Die Führungskraft muss diese Rolle einhalten, sonst gibt es für das System keinen Rahmen, an dem sich alle orientieren können, keinen Fokus auf Ziele und keine verbindlichen Spielregeln. Es gilt: **Rahmengeber bleiben – immer!**

Eine vereinfachte Situation

Die Führungskraft ist besorgt um die Stimmung im Team.

Sie hat Äußerungen mitbekommen, die darauf hinweisen, dass einige Mitarbeiter mit ihren Entscheidungen nicht zufrieden sind.

Beim nächsten Team-Meeting stellt sie ihre Entscheidungen deshalb zur Disposition, um die Atmosphäre wieder zu „reparieren".

Das Team hat von der Führungskraft eine klare Richtung vorgegeben bekommen.

Nicht allen haben die Entscheidungen gefallen, aber letztlich ist man bereit, den eingeschlagenen Weg mitzugehen.

Das Team ist überrascht, dass bei der nächsten Sitzung die vorher getroffenen Entscheidungen erneut von der Führungskraft zur Diskussion gestellt werden.

Die Führungskraft hat die Rolle Indikator eingenommen!

Die negative Wirkung für die Führungskraft:

Die Rolle „Indikator" ist die Rolle der Nähe (nicht der objektiven Distanz).

Sie fungiert nun als „Warnlampe" für die Stimmung im Team.

Sie agiert allparteilich und nicht unparteiisch und versucht es in dieser Rolle allen Recht zu machen.

Als „Fähnchen im Wind" stellt sie bereits getroffene Entscheidungen in Frage und verwirrt das Team.

**Die negative Wirkung für
das Team:**

Die Mitarbeiter empfinden die
Führungskraft als „instabil" und
leicht steuerbar.

Das Team erhält keine klare und
verbindliche Orientierung.

Es lebt ständig in der Sorge,
dass einzelne Team-Mitglieder
die Führungskraft durch ihre
Äußerungen beeinflussen und
sogar manipulieren können.

**Das Team verliert den Respekt
vor der Führungskraft
und empfindet sie als
harmoniebedürftig.**

Mit *„Rahmengeber bleiben – immer!"* wäre es besser gelaufen ...

Die positive Wirkung für die Führungskraft:

Sie widersteht der Neigung und bleibt in der Rolle „Rahmengeber".

Sie agiert somit als objektivierendes Korrektiv zwischen Stabilisatoren und Innovatoren.

Sie ist „stabil" und trifft ihre Entscheidungen aus der Rolle der Distanz heraus.

Sie sorgt für Klarheit und verbindliche Orientierung.

**Die positive Wirkung für
das Team:**

Die Mitarbeiter können sich
auf ihre Führungskraft als
Rahmengeber einstellen und
verlassen.

Das Team empfindet
die Führungskraft als
objektiv und rational in der
Entscheidungsfindung.

Es respektiert die Führungskraft
und akzeptiert Entscheidungen.

**Das Team entwickelt
sich weiter, da es von der
Führungskraft gesteuert
wird und nicht seinerseits die
Führungskraft steuern kann.**

Vier wirkungsvolle Tipps für die Anwendung

Tipp 1:
Meine persönliche Neigungsrolle erkennen und beachten

Als Führungskraft muss ich mir darüber klar werden, zu welcher Rolle ich mich hingezogen fühle. Bin ich gerne kreativ (Rolle Innovator)? Bin ich jemand, der auf Umsetzung und Detailarbeit setzt (Rolle Stabilisator)? Achte ich stark darauf, wie die Stimmung im Team ist (Rolle Indikator)? Ich muss diese Neigung erkennen, damit ich der natürlichen Versuchung besser widerstehen kann, die mit dieser persönlichen Vorliebe kommt. Je mehr ich zu einer Rolle neige, desto leichter verlasse ich die funktionale Rolle des Rahmengebers und schlüpfe in die Neigungsrollen Stabilisator, Innovator oder Indikator. Je besser Sie sich hier kennen, desto stärker können Sie sich fokussieren, in kritischen Situationen in der Rolle des Rahmengebers zu bleiben. Sie erkennen schneller, wann Sie dazu tendieren, diese Rolle zu verlassen, und können sich besser beherrschen.

Tipp 2:
Dynamikrollen durch Fragen einfordern

Es gibt zwei Dynamikrollen, die besonders herausfordernd sind, wenn sie in einem Team nicht stark ausgeprägt sind: Innovatoren und Stabilisatoren. Fehlen diese Rollen in Ihrem Team, müssen sie hier sehr wirkungsorientiert vorgehen – und das heißt konkret: Anstatt selbst eine dieser Rollen zu übernehmen, sollten Sie diese durch Fragen einfordern. So müssen Sie zum Beispiel Stabilisatoren mit Fragen wie „Wie können Sie es trotzdem schaffen?" herausfordern, mehr Kreativität und Lösungsorientierung zu zeigen. Innovatoren dagegen müssen Sie durch Umsetzungsfragen dazu bringen, nicht weiter neue Ideen zu entwickeln, sondern vielmehr konkrete Aspekte zur tatsächlichen Realisierung zu erarbeiten und verbindlich zu definieren. In jedem Fall ist wichtig, dass Sie nicht selbst die jeweils fehlende Rolle besetzen, sondern durch penetrantes Fragen Ihr Team entsprechend in seiner Dynamik steuern.

Tipp 3:
Die Rolle des Rahmengebers nicht wegdelegieren

Als Führungskraft für Ihr Team gehört die Rolle des Rahmengebers Ihnen – und NUR Ihnen. Punkt. Auch wenn Sie noch so gut in einer anderen Dynamikrolle agieren könnten und die Neigung dahin bei Ihnen stark ausgeprägt ist, dürfen Sie die Rahmengeber-Rolle nicht abgeben. Selbst eine transparente Delegation dieser Rolle an ein anderes Teammitglied ist nicht angebracht. Sie müssen das Korrektiv des Systems sein. Die Rolle des Rahmengebers ist nicht delegierbar, die Hoheit liegt immer bei der Führungskraft. Tatsächlich würden Sie bei einer Delegation der Rolle im Zweifelsfall trotzdem als formaler Entscheider agieren müssen. Damit würde die delegierte Rolle ad absurdum geführt und der entsprechende Mitarbeiter in eine schwierige „politische" Situation geraten.

Tipp 4:
Führung nimmt man sich

Obwohl die Rolle des Rahmengebers funktional und strukturell immer der Führungskraft gehört, muss diese sich die Rolle aktiv nehmen und sie ausfüllen. Alles, was kein klares „Nein!" ist, ist bei den Mitarbeitern ein „Ja!". Nehmen Sie sich nicht aktiv die Führungsrolle, wird sich diese Rolle eine andere Person in Ihrem Team zu eigen machen. Dies würde unglückliche Folgen für die gesamte Teamdynamik haben. Um sich diese Rolle wirklich zu nehmen, müssen Sie Ziele setzen, Rahmenbedingungen für die Zielerreichung definieren, verbindliche Spielregeln formulieren und diese Spielregeln positiv oder negativ sanktionieren.

Vier mögliche Fallen bei der Umsetzung

Falle 1:
Die Anzahl der Stabilisatoren überwiegt

Haben Sie eine hohe Anzahl an Stabilisatoren im Team, fehlen Dynamik und Engagement in Bezug auf neue Ideen. Ist das Team zu „stabil", fühlen sich viele Führungskräfte herausgefordert, die Ungleichheit selbst auszufüllen und ihrerseits Kreativität und Ideen einzubringen. Damit legen sie ihre eigene Rolle des Rahmengebers ab und schlüpfen in die Rolle des Innovators. Der Effekt ist kritisch: Es entsteht ein Favoritentum, weil Sie sich mit den wenigen Innovatoren verbünden. Gleichzeitig ziehen sich die Stabilisatoren weiter zurück, da Ihr System nun Ihnen das Einbringen von Ideen überlässt und sich eher als „Korrektiv" Ihrer Kreativität sieht. Seien Sie also vorsichtig und fordern Sie die Kreativität Ihres Team lieber durch Fragen wie „Wie geht es trotzdem?" und „Welche Ideen haben Sie noch?" penetrant und nachdrücklich heraus.

Falle 2:
Das Team verfügt vor allen Dingen über Innovatoren

Stellen Sie sich vor, Sie leiten ein sehr dynamisches Team, das jedoch nicht viel umsetzt. Auch hier ist die Versuchung groß, dass Sie als Führungskraft die fehlende Rolle – in diesem Fall „Stabilisator" – selbst ausfüllen wollen. Die negativen Effekte sind vergleichbar mit denen aus Falle 1. Sie werden die Innovatoren frustrieren, weil Sie als Bremser fungieren, der alle Ideen hinterfragt und im Zweifel „ausbremst". Statt selbst die Rolle des Stabilisators einzunehmen, geht es vielmehr darum, Ihr Team mit penetranten Fragen zur Konkretisierung der Ideen zu einer verbindlichen Umsetzung zu treiben. Auch die Formalisierung von Ideen durch eine Entscheidungsvorlage kann hier positive Effekte haben.

Falle 3:
Die Anzahl der Indikatoren im Team ist sehr groß

Überwiegt die Anzahl der Indikatoren innerhalb eines Teams, liegt der Fokus zu sehr auf „innen" und nicht auf „außen" – und damit zwangsläufig auch nicht auf den Kunden oder auf der Erzielung von Ergebnissen. Die Stimmung im Team ist in diesem Fall für gewöhnlich gut, der Erfolg des Teams ist aber sehr dürftig. Je stärker Sie sich auf den Blick nach „innen" einlassen, desto stärker unterstützen Sie diesen Fokus und damit auch die Erfolglosigkeit des Teams. Hier müssen Sie im Zweifelsfall sehr heftig agieren, um die Mitarbeiter aus der Komfortzone herauszureißen, denn eine erlebte Wohlfühlsituation geben wir Menschen nur ungern auf – selbst wenn der Markt um uns herum ganz anderes fordert. Manchmal ist es sogar notwendig, hier durch den Austausch von Mitarbeitern die Dringlichkeit der Veränderung plakativ deutlich zu machen, damit Ihr Team (rechtzeitig) aufwacht.

Falle 4:
Im Team befindet sich kein einziger Indikator

In dieser Konstellation gibt es häufig drei unglückliche Vorgehensweisen: Entweder rutschen Sie als Führungskraft in die Rolle des Indikators und werden zum „Fähnchen im Wind" oder Sie weisen jemandem die Rolle einfach zu. Im schlimmsten Fall holen Sie sogar eine externe Person ins Team, um diese Rolle temporär auszufüllen. Alle drei Vorgehensweisen sollten aus Wirkungssicht vermieden werden. Lassen Sie im Zweifelsfall die Rolle des Indikators unbesetzt, denn dies ist immer noch sinnvoller als eine der drei oben genannten Vorgehensweisen. Ein Team wird dieses Problem typischerweise selbst „reparieren" und meistens wird dann ein Stabilisator mittelfristig in die Rolle des Indikators hineinwachsen.

Typische Fragen aus der Praxis

Wie erkenne ich, welche Rollen in meinem Team dominieren?

Dies kann man am besten aus Meetings und dem dort gezeigten Verhalten der Mitarbeiter ableiten. Worüber wird gesprochen? Geht es um aufgabenspezifische Themen, neue Ideen und Projekte, dann sind dies Indizien für Innovatoren. Themen wie die Stimmung im Team, Harmonie und das Miteinander deuten auf Indikatoren. Die Themen Umsetzung, das Dokumentieren, Festhalten von Ergebnissen und manchmal auch Hinweise auf Probleme und Unmöglichkeiten bei der Umsetzung sind typisch für Stabilisatoren. Wichtiger als die Einschätzung des Teams ist aber der Blick auf Sie selbst – und da die Checkfrage: Bin ich tatsächlich in der Rahmengeber-Rolle unterwegs?

Soll ich mein Team nach Dynamikrollen zusammenstellen?

Dies ist ein schöner Ansatz, aber in der Praxis kaum möglich. Teams werden eher nach funktionalen Rollen zusammengestellt. Als Führungskraft ist es Ihre Aufgabe, die gewünschte Dynamik situativ zu generieren. Das probate Mittel dafür sind penetrante Fragen. Bei zu vielen Stabilisatoren sind dies Fragen zur Lösungsfindung, bei einer Vielzahl an Innovatoren eher Fragen zur konkreten Umsetzung und bei einer ausgeprägten Indikatoren-Gruppe Fragen zur Kunden- und Ergebnisorientierung.In jedem Fall sollten Sie diese Fragen aus der Rolle des Rahmengebers stellen, denn diese Rolle dürfen Sie nicht aufgeben.

Braucht ein Team immer eine ausgeglichene Dynamik?

Ausgeglichenheit ist nicht pauschal notwendig. Stattdessen geht es eher darum, die Dynamik zu erreichen, die für die Situation des Teams notwendig ist. Befinden Sie sich zum Beispiel in einer Phase, in der viel Kreativität gefordert ist, dann müssen Sie die Dynamikrolle „Innovator" stärker fordern. Befinden Sie sich allerdings in der Situation, in der vor allen Dingen das Umsetzen und Abarbeiten von Aufgaben benötigt wird, dann gilt es, diese Dynamik gezielt zu erzeugen. Mit anderen Worten: Die richtige Dynamik im Team ist immer situativ.

Was mache ich, wenn mein Team einfach nicht innovativ ist?

Die notwendige Dynamik im Team zu erzeugen, ist Führungsaufgabe. Dies gilt auch beim Thema Innovation. Es ist Ihre Aufgabe, das Team entsprechend zu fordern und damit auch die Entwicklung Ihrer Mitarbeiter zu fördern. Diese Entwicklung ist Teil Ihrer Führungsverantwortung. Sie sind dafür zuständig, die notwendige Dynamik zu schaffen. Kreativität braucht letztlich den notwendigen Druck – und durch das Schaffen der richtigen Dynamik im Team fordern Sie damit nicht nur Kreativität heraus, sondern fördern auch Eigeninitiative, Lösungsfähigkeit und das Wachstum Ihrer Mitarbeiter.

Was tun, wenn die Stimmung in meinem Team schlecht ist?

Die Stimmung in Ihrem Team ist wichtig, darf aber bei Ihnen nicht zu sehr im Fokus stehen. Beschäftigen Sie sich intensiv mit dieser Frage wird deutlich, dass Sie eine starke Neigung zur Rolle Indikator haben. Auf der einen Seite ist es löblich, dass Sie so viel Wert darauf legen wollen. Auf der anderen Seite ist Rollen-Unklarheit der Führungskraft typischerweise der eigentliche Grund für Probleme im Team. Als Führungskraft sollte es Ihnen in erster Linie um Ergebnisse gehen. Ihre Rolle ist die des Rahmengebers. Deshalb müssen Sie vorrangig für Ziele und Sinn sorgen. Und je mehr Sie dies tun, desto besser ist typischerweise auch die Dynamik in Ihrem Team.

Ein Moment zur Selbstreflexion ...

WELCHE ZWEI NEGATIV-WIRKUNGEN FÜR DIE FÜHRUNGSKRAFT SIND FÜR MICH AM GRAVIERENDSTEN?

☐ Die Rolle „Indikator" ist die Rolle der Nähe (nicht der objektiven Distanz).

☐ Sie fungiert nun als „Warnlampe" für die Stimmung im Team.

☐ Sie agiert allparteilich und nicht unparteiisch und versucht es in dieser Rolle allen Recht zu machen.

☐ Als „Fähnchen im Wind" stellt sie bereits getroffene Entscheidungen in Frage und verwirrt das Team.

WELCHE ZWEI NEGATIV-WIRKUNGEN FÜR DAS TEAM SIND FÜR MICH AM KRITISCHSTEN?

☐ Die Mitarbeiter empfinden die Führungskraft als „instabil" und leicht steuerbar.

☐ Das Team erhält keine klare und verbindliche Orientierung.

☐ Es lebt ständig in der Sorge, dass einzelne Team-Mitglieder die Führungskraft durch ihre Äußerungen beeinflussen und sogar manipulieren können.

☐ Das Team verliert den Respekt vor der Führungskraft und empfindet sie als harmoniebedürftig.

WELCHER TIPP WAR FÜR MICH AM WIRKUNGSVOLLSTEN?

- ☐ Meine persönliche Neigungsrolle erkennen und beachten

- ☐ Dynamikrollen durch Fragen einfordern

- ☐ Die Rolle des Rahmengebers nicht wegdelegieren

- ☐ Führung nimmt man sich

WELCHE FALLE IST FÜR MICH AM HERAUSFORDERNDSTEN?

- ☐ Die Anzahl der Stabilisatoren überwiegt

- ☐ Das Team verfügt vor allen Dingen über Innovatoren

- ☐ Die Anzahl der Indikatoren im Team ist sehr groß

- ☐ Im Team befindet sich kein einziger Indikator

WAS NEHME ICH MIR FÜR DIE ZUKUNFT KONKRET VOR?

HARMONIEBEDÜRFTIGKEIT
BRINGT
DISHARMONIE.

Nutzen und Einsatz des Wirkungsprinzips

•

Wirkungsvolle Tipps für die Anwendung

•

Mögliche Fallen bei der Umsetzung

•

Typische Fragen aus der Praxis

•

Ein Moment zur Selbstreflexion ...

Nutzen und Einsatz des Wirkungsprinzips

Geht es einer Führungskraft vorrangig um Harmonie, ist dies für die Mitarbeiter schlichtweg eine Katastrophe. Denn eine Führungskraft, die abhängig von oder sogar süchtig nach Harmonie ist, vermittelt keine Orientierung, versteht sich nicht als Korrektiv im System und sorgt damit nicht für die notwendige Verbindlichkeit und Klarheit. Will ich als Führungskraft gemocht oder respektiert werden? Wir alle haben den Wunsch nach Zugehörigkeit und in gewisser Hinsicht streben wir damit auch an, Teil des Teams zu sein. Demzufolge ist die Antwort auf die Frage häufig ein „und" und nicht ein „oder". Tatsächlich ist es aber entscheidend, welcher der beiden Faktoren das führende Element ist.

Für eine wirkungsorientierte Führungskraft ist klar: Es geht natürlich zuerst um Respekt. Ein netter Chef wird gemocht, ein klarer Chef respektiert. Im Führungsalltag ist dies eine Herausforderung. Denn um sich den nötigen Respekt zu verschaffen, müssen Sie in Ihren Anweisungen, im Lob, in der Kritik und bei Ihren Erwartungen klar und konsequent sein. Führung zeichnet sich immer durch Klarheit und Berechenbarkeit aus – und dies ist bei einer Harmoniebedürftigkeit der Führungskraft nicht möglich.

Besonders herausfordernd wird es, wenn ich vom Kollegen zum Chef werde. Die natürliche Versuchung ist es dann, sich weiterhin als Bestandteil des Teams zu verstehen. Dies ist jedoch kritisch, da sich die Führungskraft als Rahmengeber außerhalb und nicht innerhalb des Teams befindet. Als Mitglied eines Teams will man gemocht werden – das ist auch völlig legitim. Aber in der Außenrolle (= Führungskraft) müssen Sie respektiert werden. Die Rolle des Rahmengebers ist immer eine Distanzrolle. Sie befinden sich nicht im Team, stattdessen ist der Rahmengeber das objektivierende Korrektiv für das System. Es ist Ihre

Aufgabe, den Mitarbeitern durch die konsequente Verfolgung von Zielen und die klare Vermittlung von Rahmenbedingungen Orientierung zu geben. Harmoniebedürftige Führungskräfte wollen typischerweise nur die Entscheidungen treffen, die möglichst allen angenehm sind und jeden zufriedenstellen. Das ist jedoch so gut wie unmöglich und die Führungskraft wird damit zum „Fähnchen im Wind".

Harmoniebedürftige Führungskräfte sind darüber hinaus (leider) durch das System oder einzelne Mitarbeiter im Team steuerbar. Eine emotionale Äußerung, die Befindlichkeit einzelner Mitarbeiter, Frustration, Beleidigtsein oder gar Aggression werden in diesen Fällen gezielt eingesetzt. Denn das System hat gelernt, dass es damit von unten führen kann. Dies führt jedoch häufig zu subtilen Machtkämpfen im Team und endet meistens in latenten oder offenen Konflikten. In einer Organisation, in der der Vorstandsvorsitzende harmoniebedürftig war, habe ich dazu folgendes Szenario erlebt: Immer wenn Entscheidungen im Führungskreis getroffen wurden, gab es im Nachgang befindliche Äußerungen durch einzelne Bereichsleiter. Was war das Ergebnis? In der nächsten Sitzung wurde die Entscheidung durch den Vorstandsvorsitzenden erneut zur Disposition gestellt. Das war gleichzusetzen mit absolutem Stillstand für das System und zur gleichen Zeit stiegen die Disharmonien zwischen allen Beteiligten.

Harmonie ist das Sahnehäubchen, aber nicht die Basis starker Teams. Stattdessen ist ein gemeinsames Ziel der wichtigste Klebstoff eines Teams. Um erfolgreich zu sein, muss sich ein Team respektieren, aber nicht zwangsläufig mögen. Erfolg ist der Harmonie vorzuziehen, denn bei Nicht-Erfolg ist die vordergründige Harmonie in einem Team schnell dahin. Eine positive Atmosphäre ist etwas Wünschenswertes, sie darf jedoch niemals das ultimative Ziel sein. Für wirkungsorientierte Führungskräfte gilt daher: **Harmoniebedürftigkeit bringt Disharmonie.**

Eine vereinfachte Situation

Die Führungskraft ist mit der Leistung eines Mitarbeiters nicht zufrieden.

Sie hat Angst vor Disharmonie und spricht das Problem nur indirekt an.

Der Mitarbeiter bleibt auch zukünftig hinter den Erwartungen zurück.

Der Mitarbeiter wird von seiner Führungskraft auf seine Leistung angesprochen.

Die Botschaft ist „nett verpackt" und erscheint dem Mitarbeiter nicht wirklich kritisch.

Er leitet aus dem Gespräch nicht die Notwendigkeit ab, sein Verhalten tatsächlich ändern zu müssen.

Die Führungskraft war harmoniebedürftig!

Die negative Wirkung für die Führungskraft:

Sie betreibt kein klares Erwartungsmanagement gegenüber ihren Mitarbeitern.

Sie wird als „nett" angesehen, aber nicht wirklich respektiert.

Sie schafft ein Klima des „politischen Umgangs", aber damit auch ein „Tänzeln auf Eierschalen".

Sie wird letztlich nicht die gewünschte Leistung von ihren Mitarbeitern bekommen.

Harmoniebedürftigkeit bringt Disharmonie.

**Die negative Wirkung für
das Team:**

Die Mitarbeiter müssen zwischen
den Zeilen lesen.

Das Team erlebt seine
Führungskraft nicht als kraftvoll
und „gerade heraus".

Es folgt der Führungskraft nur
bedingt, da es keinen wirklichen
Respekt empfindet.

**Das Team wird letztlich nicht
erfolgreich sein und darunter
wird dann auch die Stimmung
im Team leiden.**

Mit *„Harmoniebedürftigkeit bringt Disharmonie."* wäre es besser gelaufen ...

Die positive Wirkung für die Führungskraft:

Sie kommuniziert klar, direkt und ist in ihrem Handeln konsequent und nachdrücklich.

Sie wird für ihre gerade Linie respektiert und geschätzt.

Sie stärkt dadurch ihre Beziehung zum Einzelnen und zum Team.

Sie wird ihr Team ergebnisorientiert weiterentwickeln.

Die positive Wirkung für das Team:

Die Mitarbeiter können sich auf die Stärke und Konsequenz der Führungskraft verlassen.

Das Team nimmt Entscheidungen der Führungskraft ernst und setzt sie um.

Es empfindet den Umgang als klar und verbindlich.

Das Team kann sich an den Erwartungen orientieren und wird dadurch mehr Erfolg haben.

Vier wirkungsvolle Tipps für die Anwendung

Tipp 1:
Konsequenzen sind unvermeidlich

Führung ohne Konsequenzen ist niemals erfolgreich. Selbstverständlich wäre es angenehmer, wenn begeistern und belohnen in der Führungsarbeit ausreichen würden. Allerdings ist das nicht realistisch. In letzter Instanz gilt es eben auch, Konsequenzen als Motiv zielgerichtet einzusetzen. Denn wichtiger als eine vordergründige Harmonie im Team hochzuhalten ist es, Demotivation im Team zu vermeiden. Und da die Toleranz von Fehlverhalten der Top-Demotivator in Teams ist, gilt es gerade diese so nachdrücklich wie möglich zu vermeiden – wozu im Zweifelsfall eben auch der Einsatz von Konsequenzen notwendig ist. Je mehr ich mir darüber bewusst bin, desto besser. Dann kann ich Konsequenzen zu einem Zeitpunkt einbringen, wenn es dem System noch am wenigsten wehtut. Durch ein initiales Streben nach Harmonie werden die notwendigen Konsequenzen am Ende nur noch größer. Im Umkehrschluss heißt dies: Ein direktes und klares Vorgehen sorgt dafür, dass Konsequenzen letztlich so klein wie möglich bleiben.

Tipp 2:
Der Anfang setzt die Struktur

Wenn ich zu Beginn bei einem neuen Team oder einem neuen Mitarbeiter nett und vorsichtig auftrete, steht offensichtlich Harmonie im Vordergrund meines Handelns. Ein angenehmer Start sorgt im Anschluss jedoch für eine kritische Phase. Denn wenn ich plötzlich konsequent eingreifen muss, geht dies gegen meine anfänglich gesetzte Prämisse des Umgangs miteinander. Und genau das werden Ihnen Ihre Mitarbeiter dann implizit oder sogar explizit vorhalten. Setzen Sie deshalb von

Anfang an Klarheit und Konsequenz vor Harmonie. Die Verfolgung gewünschter Ziele und die Einhaltung gesetzter Rahmenbedingungen sollten priorisiert im Fokus stehen – nicht die Stimmung im Team.

Tipp 3:
Hart in der Sache, weich gegenüber dem Menschen

Dieser Leitsatz aus dem *Harvard Modell für Verhandlung* kann auch im Führungskontext genutzt werden. Er ist ein hilfreicher „Rettungsanker" für harmoniebedürftige Führungskräfte. Weich gegenüber dem Menschen ist empfehlenswert, denn Empathie ist ein wesentlicher Faktor in Beziehungen. Unabhängig davon gilt es, hart in der Sache zu bleiben, um den notwendigen Respekt als Führungskraft zu erhalten, Ziele zu verfolgen und Ergebnisse zu erzielen. Dieser Tipp soll Ihnen helfen, eine Bandbreite zu etablieren. Nur hart sein ist genauso falsch wie nur weich sein. Es gibt hier kein entweder oder, nur ein „und".

Tipp 4:
Leidenschaft ist wichtiger als Harmonie

Was wäre Ihnen lieber: Ein leidenschaftliches oder ein harmonisches Team? Tatsächlich liegt hier eine Ausschließlichkeit vor, denn ein Team mit Leidenschaft ist immer auch eine Organisation mit Konflikten. Das eine bedingt quasi das andere. Wenn sich Menschen für Standpunkte einsetzen und Ideen einbringen, weil sie mit Leidenschaft dabei sind, entstehen automatisch auch Meinungsverschiedenheiten und Konflikte. Und dies ist auch nicht problematisch, denn Reibung bietet immer die Chance, zu wachsen. Ein Team kann sich weiterentwickeln, wenn Konflikte erlaubt sind. Deshalb geht es darum, Leidenschaft zu fördern und nicht Harmonie zu verordnen. Und das heißt dann auch: Mögliche Konflikte zulassen und wirkungsorientiert managen.

Vier mögliche Fallen bei der Umsetzung

Falle 1:
Für den Applaus führen

Der Applaus der Zuschauer ist das „Brot des Schauspielers" – aber natürlich nicht der Lohn der Führungskraft. Denn „für den Applaus führen" ist letztlich nichts anderes als besonderen Wert auf ein entsprechendes Image zu legen. Bleibt der Applaus der Mitarbeiter hinter den Erwartungen zurück, ist die Versuchung groß, dies durch „nettes Agieren" irgendwie zu drehen. Damit macht sich die Führungskraft abhängig vom Team und dessen Reaktionen und wird so steuerbar. Und eine steuerbare Führungskraft ist letztlich nicht mehr im eigentlichen Sinne Führungskraft, sondern eher die Marionette der Mitarbeiter. Sie wird vom Team oder Einzelnen gespielt und damit ergeben sich umgekehrte hierarchische Verhältnisse – zu Lasten der Ordnung, des Erfolgs und damit letztlich auch der angestrebten Harmonie im Team.

Falle 2:
Harmonie ist das Ziel

Harmonie darf das Ergebnis von Führungsarbeit sein, aber niemals das Ziel. Denn Harmonie ist letztlich ein flüchtiger und subjektiv empfundener Zustand in Teams. Auf diese Empfindung wirken viele Dinge ein: Tagesform, individuelle Emotionen, die persönliche Definition, was Harmonie bedeutet, etc. All dies ist von Mensch zu Mensch und von Mitarbeiter zu Mitarbeiter höchst unterschiedlich. Es gibt Mitarbeiter, die sich zwar streiten, ihre Beziehung jedoch trotzdem als harmonisch bezeichnen. Machen Sie etwas Subjektives zum Ziel, können Sie es nicht sinnvoll messen. Deshalb gilt: Für ein Team müssen immer objektive Ergebnisse die eigentlichen Zielstellungen sein.

Harmoniebedürftigkeit bringt Disharmonie.

Falle 3:
Schlechte Stimmung im Team

Bei der Bewertung der Stimmung im Team handelt es sich ebenfalls um eine subjektive Empfindung der Führungskraft oder einzelner Teammitglieder. Die Kernfrage dabei lautet: Wirkt sich die gefühlt schlechte Stimmung tatsächlich negativ auf die Ergebnisse aus? In jedem Team existieren – zumindest von Zeit zu Zeit – Disharmonien und Konflikte. Die eigentliche Falle hierbei ist die Versuchung, aus der schlechten Stimmung Schlüsse zu ziehen, ohne die tatsächliche Auswirkung auf Ergebnisse und Zielerreichung objektiv zu bewerten. Es gilt, Ergebnisse und nicht Stimmung zu verfolgen, denn Erfolg sorgt letztlich auch für eine gewisse Harmonie im Team, während Misserfolg in letzter Instanz auch ein ursprünglich harmonisches Team stark herausfordert und im Zweifelsfall sogar die Chemie zwischen den Beteiligten zerstört.

Falle 4:
„Eiszeit" zwischen einzelnen Mitarbeitern

Herrscht „Eiszeit" zwischen einigen oder sogar allen Mitarbeitern? Ein natürlicher Impuls ist es, diesen latenten Konflikt auflösen zu wollen und so auch die Stimmung im Team entsprechend zu heben. Damit versuche ich jedoch etwas von mir subjektiv Gespürtes zu klären und möchte etwas thematisieren, was ich nur unterschwellig wahrnehme und vermute, aber nicht an konkreten Ergebnis- oder Zielbeeinträchtigungen festmachen kann. Beschäftigen Sie sich deshalb nicht damit, was sein KÖNNTE, sondern achten Sie lieber nur auf die objektiven Effekte. Gibt es eine Ergebnisproblematik? Dann ist das der Anlass, mit den Mitarbeitern ins Gericht zu gehen. Hat die „Eiszeit zwischen Mitarbeitern" keine Ergebnisrelevanz, dann spielt sie für Sie auch keine weitere Rolle.

Typische Fragen aus der Praxis

Was ist so schlecht an Harmonie?

Gar nichts. Harmonie ist absolut wünschenswert und das Streben nach Harmonie ist etwas ganz Natürliches. Wenn aus diesem Wunsch jedoch eine Sucht wird, bin ich als Führungskraft genau darüber steuerbar. Damit können Sie von Ihrem eigenen System gelenkt werden. Eine Abhängigkeit sorgt also dafür, dass Sie sich der Fremdsteuerung aussetzen. Harmonie darf ich auch als Führungskraft anstreben, im Zweifelsfall muss ich jedoch in meiner inneren Prioritätenliste immer das Ergebnis und die Zielerreichung vor Harmonie setzen.

Kann man Harmoniebedürftigkeit abtrainieren?

Den Wunsch nach Harmonie kann man nicht abtrainieren, die Abhängigkeit jedoch sehr wohl. Das ist nicht leicht, aber möglich. Es funktioniert dann leichter, wenn Sie sich die Konsequenzen von Harmoniebedürftigkeit ehrlich aufzeigen. Denn tatsächlich ist der Effekt von Harmoniebedürftigkeit immer eine Verstärkung von Konfliktpotenzialen. Wenn Sie in Ihrem System durch Ihr Verhalten keine Klarheit und Verbindlichkeit geschaffen haben, ist die Gefahr groß, dass sich ungeklärte und nicht angesprochene Sachverhalte und Situationen latent aufbauen und irgendwann explodieren. Harmoniebedürftigkeit sorgt letztlich also immer für das Gegenteil: Disharmonie. Ein guter Grund, an meiner Haltung diesbezüglich zu arbeiten.

Ist Erfolg nicht von guter Stimmung abhängig?

Zum Teil. Vor allen Dingen ist Erfolg davon abhängig, dass jeder im Team wirklich mitspielt. Um dies zu erreichen, ist es jedoch notwendig, dass es jemanden gibt, der Ziele und Rahmen setzt und konsequent verfolgt. Und genau dafür ist die Führungskraft als Rahmengeber verantwortlich. Ohne die notwendige Konsequenz und Verbindlichkeit wird sich ein System niemals wirkungsorientiert auf Ziele und Ergebnisse fokussieren. Immer dann, wenn Regeln und Strukturen gesetzt werden, kann es für den Moment auch schlechte Stimmung oder zumindest Befindlichkeiten im Team geben. Das ist völlig normal und muss von allen ausgehalten werden. Ein Team ist eine Erfolgs- und keine Harmoniegemeinschaft. Gute Stimmung ist nicht die Voraussetzung für Erfolg, aber häufig ist Erfolg die Voraussetzung für gute Stimmung.

Woran erkenne ich, dass ich harmoniebedürftig bin?

Die beste Checkfrage dazu lautet: Wie sehen meine inneren Prioritäten aus? Setze ich Stimmung über Ergebnis oder umgekehrt? Die Antwort mag einfach erscheinen, ist jedoch Teil einer durchaus anstrengenden Selbstreflexion. Was ist Ihnen wirklich wichtiger: gute Stimmung und ein positives Image oder gute Ergebnisse und Respekt im Team? Aber Achtung: Tatsächlich gilt es, dies nicht pauschal zu bewerten, sondern immer nur situativ. Worum geht es Ihnen in der jeweiligen Situation? Subjektives Empfinden oder objektive Ergebnisse? Sich pauschal als harmoniebedürftig oder im Gegensatz dazu als konsequent und klar zu bezeichnen, ist nicht hilfreich. Es kommt immer auf die jeweilige Situation an, in der ich mich als Führungskraft befinde – und auch die beteiligten Personen lassen mich unterschiedlich agieren. Unabhängig davon sind häufig Grundtendenzen erkennbar und diese färben dann auch das jeweilige situative Verhalten. Je aufmerksamer und ehrlicher ich mich als Führungskraft hier reflektiere, desto größer ist die Chance, auch entsprechend gegenzusteuern. Dies ist zwar ein intensiver und möglicherweise auch schmerzlicher Prozess, aber für den eigenen Erfolg und den des Teams unumgänglich.

Ein Moment zur Selbstreflexion ...

WELCHE ZWEI NEGATIV-WIRKUNGEN FÜR DIE FÜHRUNGSKRAFT SIND FÜR MICH AM GRAVIERENDSTEN?

- ☐ Sie betreibt kein klares Erwartungsmanagement gegenüber ihren Mitarbeitern.

- ☐ Sie wird als „nett" angesehen, aber nicht wirklich respektiert.

- ☐ Sie schafft ein Klima des „politischen Umgangs", aber damit auch ein „Tänzeln auf Eierschalen".

- ☐ Sie wird letztlich nicht die gewünschte Leistung von ihren Mitarbeitern bekommen.

WELCHE ZWEI NEGATIV-WIRKUNGEN FÜR DAS TEAM SIND FÜR MICH AM KRITISCHSTEN?

- ☐ Die Mitarbeiter müssen zwischen den Zeilen lesen.

- ☐ Das Team erlebt seine Führungskraft nicht als kraftvoll und „gerade heraus".

- ☐ Es folgt der Führungskraft nur bedingt, da es keinen wirklichen Respekt empfindet.

- ☐ Das Team wird letztlich nicht erfolgreich sein und darunter wird dann auch die Stimmung im Team leiden.

Harmoniebedürftigkeit bringt Disharmonie.

WELCHER TIPP WAR FÜR MICH AM WIRKUNGSVOLLSTEN?

☐ Konsequenzen sind unvermeidlich

☐ Der Anfang setzt die Struktur

☐ Hart in der Sache, weich gegenüber dem Menschen

☐ Leidenschaft ist wichtiger als Harmonie

WELCHE FALLE IST FÜR MICH AM HERAUSFORDERNDSTEN?

☐ Für den Applaus führen

☐ Harmonie ist das Ziel

☐ Schlechte Stimmung im Team

☐ „Eiszeit" zwischen einzelnen Mitarbeitern

WAS NEHME ICH MIR FÜR DIE ZUKUNFT KONKRET VOR?

KONFLIKTE
MANAGEN –
NICHT
LÖSEN.

Nutzen und Einsatz des Wirkungsprinzips

•

Wirkungsvolle Tipps für die Anwendung

•

Mögliche Fallen bei der Umsetzung

•

Typische Fragen aus der Praxis

•

Ein Moment zur Selbstreflexion ...

Nutzen und Einsatz des Wirkungsprinzips

Konflikte gehören zum normalen Führungsalltag. Demzufolge ist es auch eine ursächliche Führungsaufgabe, diese Konflikte entsprechend wirkungsorientiert zu managen. Tatsächlich ist dies jedoch keine weit verbreitete Praxis. Drei Viertel aller Führungskräfte haben in einer repräsentativen Umfrage selbstkritisch angemerkt, dass sie Konflikten eher aus dem Weg gehen, statt sich ihnen zu stellen. Das ist dramatisch, denn Konflikte (per Definition „Meinungsverschiedenheiten") sind wichtig, hilfreich und völlig normal in menschlichen Beziehungen. Im Gegensatz dazu ist die Abwesenheit von Konflikten höchst abnormal und sollte jede Führungskraft beunruhigen, da die möglichen Ursachen dafür auf der Hand liegen: Entweder habe ich meine Mitarbeiter „mundtot" gemacht oder sie haben bereits innerlich gekündigt oder „ausgecheckt". Beides ist mehr als bedenklich.

Als Führungskraft sind Sie daher immer auch Konfliktmanager. Das heißt aber nicht, dass Sie auch die Rolle des Konfliktlösers ausfüllen sollten. Es gilt, „nur" Konfliktmanager zu sein. Mit anderen Worten: Sie sollten sich nicht dazu hinreißen lassen, selbst einen Konflikt zu lösen. Stattdessen sollten Sie dafür sorgen, dass Ihre Mitarbeiter die Fähigkeiten entwickeln, Konflikte mit- und untereinander direkt zu klären.

Natürlich ist der Satz „Konflikte zwischen Mitarbeitern im Team sind Chefsache" in diesem Kontext in gewisser Hinsicht korrekt. Allerdings muss diese Aussage differenziert betrachtet werden. Dahinter verbirgt sich in Wahrheit eine klare Erwartungshaltung an die Führungskraft in ihrer Rolle als Konfliktmanager – und zwar in Form eines dreistufigen Vorgehensmodells zum gezielten und wirkungsorientierten Umgang mit Konflikten zwischen Mitarbeitern:

Stufe 1: Darauf drängen, dass die Beteiligten den Konflikt selbst unter- und miteinander lösen – im Sinne eines direkten „Zweier"-Gesprächs und somit ohne Ihre Beteiligung.

Stufe 2: Nur dann, wenn die erste Stufe nicht erfolgreich war, sollten Sie ein Dreier-Gespräch anbieten, bei dem Sie als Führungskraft in der Rolle Moderator beziehungsweise Mediator unparteiisch auftreten.

Stufe 3: Sollte es bei dem moderierten Dreier-Gespräch tatsächlich keine Konfliktlösung zwischen den Beteiligten gegeben haben, dann müssen Sie aus der Rolle Mediator in die Rolle „Richter" übergehen und eine entsprechend bindende Entscheidung treffen, die im Zweifelsfall auch für beide Parteien einen Nachteil bedeuten kann.

Im Grunde ist ein Konflikt eine Meinungsverschiedenheit. Wie diese in der Praxis ausgelebt wird, hat jedoch sehr unterschiedliche Facetten. Es gibt verschiedene Formen von Konflikten – vom latenten Konflikt über sachliche Konflikte, emotionalisierte Konflikte, destruktive Konflikte bis hin zum totalen Zerwürfnis. Die Bandbreite ist groß, aber tatsächlich sind alle Konflikte nur auf der sachlichen Konfliktebene lösbar.

Es ist die Aufgabe der Führungskraft, Konflikte zu eskalieren oder zu deeskalieren, um diese im Team entsprechend bearbeitbar zu machen und für eine gute Streitkultur zu sorgen. Aber Achtung: Sind Sie als Führungskraft gleichzeitig auch der Konfliktlöser, verlassen sich alle Teammitglieder im Konfliktfall auf Sie. Das ist ungünstig, da die Führungskraft in diesem Fall vom Team instrumentalisiert werden kann und sie zur Ziehungskraft wird. Mit anderen Worten: Das Team schiebt dann die Verantwortung für die Lösung von Konflikten auf Sie ab. Deshalb ist es wichtig, dass Sie als wirkungsorientierte Führungskraft darauf achten, dass Sie **Konflikte managen – nicht lösen.**

Eine vereinfachte Situation

Ein Mitarbeiter kommt mit einem Konflikt zu seiner Führungskraft.

Im Anschluss wendet sich die Führungskraft an den vermeintlichen Verursacher und versucht den Konflikt zwischen den Beteiligten zu lösen.

Dies führt zu einer Reihe von anstrengenden Einzelgesprächen mit jedem der Konfliktbeteiligten, da die Sichtweisen nicht übereinstimmen.

Der Mitarbeiter ist in eine Meinungsverschiedenheit verwickelt und schildert seiner Führungskraft den Konflikt.

Er würde gerne, dass die Führungskraft den Konflikt für ihn löst.

Er stellt fest, dass sich die Führungskraft „vor den Karren spannen" und damit von den Konfliktparteien instrumentalisieren lässt.

Die Führungskraft wollte den Konflikt selbst lösen!

Die negative Wirkung für die Führungskraft:

Sie vergeudet Unmengen an Zeit und Energie.

In den Augen der Mitarbeiter ist sie letztlich auch für die Lösung des Konfliktes verantwortlich, da sie nichts anderes vermittelt hat.

Die Führungskraft wird zur „Ziehungskraft" und das Team lässt sich gerne in diese komfortable Situation drängen.

Sie entwickelt letztlich keine wirkungsorientierte Streitkultur in ihrem Team.

Die negative Wirkung für das Team:

Die Mitarbeiter verlassen sich bei der Konfliktlösung vorrangig auf ihre Führungskraft.

Das Team „lernt", dass es seine Führungskraft instrumentalisieren kann.

Es empfindet dies einerseits als „praktisch" aber andererseits auch als wenig zielführend.

Das Team entwickelt seine eigene Konfliktlösungsfähigkeit letztlich nicht weiter.

Mit „*Konflikte managen – nicht lösen.*" wäre es besser gelaufen ...

Die positive Wirkung für die Führungskraft:

Sie erlebt keine negativen Effekte auf ihr Zeitmanagement.

Sie lässt sich nicht von den Mitarbeitern instrumentalisieren.

Sie entwickelt die Konfliktlösungsfähigkeit ihrer Mitarbeiter gezielt weiter und sorgt damit für eine gute „Streitkultur" im Team.

Ihr System ist letztlich selbst dazu in der Lage, Konflikte zu lösen.

Die positive Wirkung für das Team:

Die Mitarbeiter haben ein klares Rollenverständnis zur Konfliktlösung.

Das Team entwickelt die Fähigkeit, Konflikte selbst zu lösen.

Es behält den Respekt vor der Führungskraft.

Das Team und auch die Teamkultur werden positiv gestärkt.

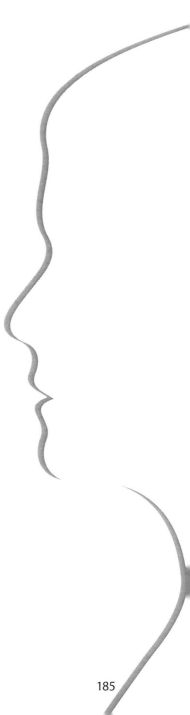

Vier wirkungsvolle Tipps für die Anwendung

Tipp 1:
Auf Stufe 1 des Konfliktmanagements penetrant bestehen

Haben Sie wirklich den Mitarbeitern vermittelt, dass sie ihren Konflikt zunächst selbst lösen sollen? Die Versuchung ist in der Praxis groß, hier vorschnell einzugreifen. Das passiert vor allem dann, wenn ich als Führungskraft harmoniebedürftig bin oder meine Nähe zum System sehr hoch ist. Dann kann es vorkommen, dass ich es als meine Verantwortung und Aufgabe ansehe, in diesen Fällen lösungsbringend reagieren zu müssen. Lassen Sie sich nicht instrumentalisieren. Versuchen Sie immer zuerst, dass Ihre Mitarbeiter den bestehenden Konflikt untereinander lösen. Erst dann können Sie zur zweiten Stufe des Konfliktmanagements übergehen – ein moderiertes Dreier-Gespräch.

Tipp 2:
Der erfolgreiche Mediator: Eine „Schallplatte mit Sprung"

Für den Mediator gilt im Konfliktgespräch eine Grundregel: fragen, NICHT antworten. Der Mediator führt die Konfliktparteien mit klaren Fragestellungen durch den Prozess und sieht sich NICHT selbst in der Lösungsverantwortung. Für gewöhnlich ist es im Konfliktgespräch jedoch eine große Herausforderung, genau in dieser Mediatoren-Rolle zu bleiben. Dies ist insbesondere dann der Fall, wenn sich die Parteien auf eine Frage nicht einlassen wollen, indem sie beispielsweise nicht antworten, sich zieren oder ausweichen. In diesen Fällen ist es wichtig, zwei Techniken zu beherrschen. Erstens: schweigen und abwarten. Und zweitens: Schallplatte mit Sprung. Das heißt, dass Sie Ihre Frage mehrfach wiederholen, um damit deutlich zu machen, dass Sie konsequent als Mediator agieren und die Beteiligten nicht aus dem Prozess rauslassen.

Tipp 3:
Die Gegenwart im Dreiergespräch durch ein Fragepaar bearbeiten

Konflikte sind ursächlich Meinungsverschiedenheiten. In der Bearbeitung eines Konflikts gilt es deshalb, sich einerseits auf die „Verschiedenheiten" zu konzentrieren, andererseits aber auch die „Gemeinsamkeiten" herauszuarbeiten. Aus Sicht der Führungskraft ist es deshalb besonders wichtig, einen einfachen aber wirksamen Mechanismus zur Fokussierung im Konfliktgespräch zu nutzen – und zwar folgendes Fragepaar: Wo sind Sie sich einig? Und wo sind Sie sich uneinig? So simpel dieses Fragepaar auch erscheint, so sehr hilft es, Transparenz und Klarheit in die tatsächliche Konfliktsituation zu bringen. Dies gilt insbesondere dann, wenn die Ergebnisse dieser Abfrage auch visuell im Raum festgehalten werden, zum Beispiel auf einem Block oder Flip-Chart.

Tipp 4:
Keine Parteilichkeit eingehen

Wenn ein Mitarbeiter mit einem Konflikt auf Sie zukommt, ist es wichtig, dass Sie sich diesen nicht einseitig anhören. Denn ansonsten gehen Sie in diesem Moment eine Parteilichkeit ein. Und um diese dann später aufzulösen, müssten Sie fairerweise auch die andere Seite anhören. Dieses Vorgehen ist jedoch bedenklich, da Sie hier leicht instrumentalisiert werden können und darüber hinaus ein Beschweren hinter dem Rücken anderer Teammitglieder durch Ihr Verhalten auch legitimiert wird, was sich nachteilig auf das Vertrauensverhältnis im Team auswirkt. Deshalb geht es darum, gar keine Parteilichkeit einzugehen. Ohne dass der andere dabei ist, wollen Sie gar nichts hören. Fordern Sie stattdessen ein Dreiergespräch ein. Ansonsten sorgen Sie schnell für Misstrauen im Team, da Ihre Mitarbeiter merken, dass man hinter dem Rücken von anderen bei Ihnen als Führungskraft lästern kann.

Vier mögliche Fallen bei der Umsetzung

Falle 1:
Konflikte nicht sehen wollen

Es ist nicht möglich, dass es überhaupt keine Konflikte in einem System gibt – es sei denn, Ihr Team ist innerlich bereits „tot" oder Sie wollen die existierenden Konflikte schlichtweg nicht sehen. Gerade bei harmoniebedürftigen Führungskräften ist die Versuchung groß, konfliktträchtige Situationen einfach schönzureden oder komplett zu ignorieren. Die Gefahr dabei liegt auf der Hand: Immer dann, wenn ich etwas negiere, lasse ich es letztlich weiter schwelen und typischerweise zeitversetzt eskalieren. Das kann katastrophale Auswirkungen auf die Teamdynamik haben. Managen Sie deshalb Konflikte rechtzeitig, damit sie sich nicht unkontrolliert zuspitzen.

Falle 2:
Konflikte vermeiden wollen

Bei dieser Falle versuchen Führungskräfte ihre Mitarbeiter darauf hinzudrängen, dass es im Team schlichtweg keine Konflikte geben darf. Doch je mehr eine Führungskraft auf eine konfliktfreie Zusammenarbeit drängt, desto mehr Konflikte wird es geben. Diese werden jedoch nicht offen ausgetragen (dies wäre ja bei der Vorgabe der Führungskraft nicht opportun), sondern „brodeln" unterschwellig im Team. Denn bei jeder Vermeidungsstrategie liegt der Fokus genau auf dem, was wir eigentlich umgehen wollen – und genau das wird dadurch automatisch besonders relevant. Der Unterschied zwischen einem starken und einem schwachen Team ist einfach: Beide Teams haben Konflikte, aber das starke Team hat gelernt, Konflikte zu bearbeiten und damit eine positive Streitkultur zu etablieren, während das schwache Team Konflikte schwelen lässt.

Falle 3:
Latente Konflikte immer eskalieren wollen

Latente Konflikte können im Führungsalltag eine besonders große Herausforderung darstellen. Latente Konflikte sind schwelende Konflikte. Sie sind da, aber auch nicht da. Sie kosten die meiste Energie für alle Beteiligten, denn sie sind wie der „weiße Elefant", der sich im Raum befindet: Jeder sieht ihn, aber keiner spricht über ihn. Umso wichtiger ist es, dass verborgene Konflikte von Führungskräften eskaliert werden, damit sie an die Oberfläche gelangen und damit bearbeitbar werden – aber NUR dann, wenn sie wirklich auch eine Ergebnisrelevanz haben. Wenn sich zwei Mitarbeiter einfach nicht mögen, ist das (noch) nicht dramatisch, solange es keine direkten Auswirkungen auf das Ergebnis hat. Deshalb gilt: nur die latenten Konflikte eskalieren, die sich auch wirklich auf das Ergebnis auswirken.

Falle 4:
„Ich will nicht den ersten Schritt machen."

Natürlich kann es im Alltag auch Konflikte zwischen Führungskraft und Mitarbeitern geben. Wir sind alle Menschen und wir haben mit Menschen zu tun. Allerdings gilt in so einem Fall: Als Führungskraft obliegt es mir, den ersten Schritt zu tun. Sind wir selbst Beteiligter im Konflikt, ist dies eine innerliche Herausforderung. Im Einzelfall sind wir möglicherweise so „angepiekst", dass wir unsere Emotionen (Ärger, Enttäuschung etc.) nur schwer unterbinden können. Aber egal, wie richtig wir mit unserer Sicht der Dinge liegen: Ein unbearbeiteter Konflikt zwischen mir und einem Mitarbeiter bringt mich in der tatsächlichen Situation nicht weiter. Stattdessen ist es die Aufgabe der Führungskraft, hier den ersten Schritt zur Konfliktlösung zu tätigen – auch wenn dies im Einzelfall dem inneren Gerechtigkeitsempfinden widerspricht.

Typische Fragen aus der Praxis

Was ist eine gute Struktur für ein Konfliktgespräch zu dritt?

Das Vorgehen im Konfliktgespräch zu dritt hat fünf entscheidende Schritte, die Sie als Moderator beziehungsweise Mediator des Gesprächs entsprechend forcieren sollten:

1. Vergangenheit: Lassen Sie sich die Sicht auf den Konflikt von beiden Parteien schildern. Hierbei ist es allerdings entscheidend, dass beide Parteien ihre Sicht nur einmal darlegen dürfen und nicht über, sondern miteinander reden müssen.

2. Gegenwart: Sammeln Sie mit beiden Parteien die Punkte, in denen sie sich einig UND in denen sie sich uneinig sind.

3. Zukunft: Fordern Sie von beiden Parteien Ideen für die Lösung des Konflikts in Form eines Brainstormings ein – allerdings nur solche, die auch direkt von den Beteiligten umgesetzt werden können.

4. Vereinbarung: Sie sind am Höhepunkt des Gesprächs angekommen: Fragen Sie die beiden Parteien, auf welche der gesammelten Lösungsideen sie sich einigen können. Achtung: Seien Sie hier besonders penetrant mit Ihrer Frage nach Einigung, da typischerweise diese Phase für die Beteiligten die anstrengendste ist.

5. Kontrolltermin: Als letzten Schritt sollten Sie zwingend einen Kontrolltermin setzen, um Verbindlichkeit in der Umsetzung der vereinbarten Lösungsideen einzufordern.

Was ist bei einem Konfliktgespräch über zwei Ebenen zu beachten?

Konflikte zwischen Mitarbeitern sind eine Herausforderung. Dies gilt besonders dann, wenn diese Konflikte auch noch Hierarchieebenen übergreifend sind – das heißt, wenn sie mich, eine mir untergeordnete Führungskraft und deren Mitarbeiter betreffen. Tatsächlich gilt dann zwar auch das zuvor benannte dreistufige Modell des Konfliktmanagements, eine Unparteilichkeit kann ich hier als Führungskraft jedoch nicht gewährleisten. Unabhängig davon, wie sehr mir im Gespräch zu dritt vielleicht die Verfehlung meiner Führungskraft klar wird, kann ich hier öffentlich keine „Pro-Mitarbeiter-Haltung" einnehmen. Tatsächlich müssen Sie in dieser Situation der Führungskraft den Rücken stärken, da Sie diese sonst entmachten. Erst in einem danach folgenden Einzelgespräch besteht die Möglichkeit, der Führungskraft Ihren Unmut über ihr Verhalten entsprechend eindringlich mitzuteilen.

Was ist ein gutes Vorgehen bei einem latenten Konflikt?

Liegt ein latenter Konflikt zwischen Mitarbeitern vor, ist es wichtig folgendes zunächst zu prüfen: Hat der Konflikt eine konkrete und greifbare negative Auswirkung auf das Ergebnis? Ist dies nicht der Fall, kann der Konflikt nicht sinnvoll adressiert werden. Tatsächlich ist jedes Nachhaken dann nur eine Art „Fischen im Trüben" und sorgt für mehr Unruhe als Klarheit. Gibt es eine konkrete Auswirkung auf das Ergebnis, ist es zwingend notwendig, den latenten Konflikt entsprechend zu eskalieren. Dies passiert jedoch weniger durch ein klassisches Konfliktgespräch, sondern eher durch ein Kritikgespräch zu dritt. Denn tatsächlich ist die Fehlleistung der Anlass zu dem Gespräch und nicht in erster Linie der schwelende Konflikt zwischen den Mitarbeitern. Wichtig ist, dass Sie sehr klar kommunizieren, was der faktische Knackpunkt ist und nicht der emotionale.

Ein Moment zur Selbstreflexion ...

WELCHE ZWEI NEGATIV-WIRKUNGEN FÜR DIE FÜHRUNGSKRAFT SIND FÜR MICH AM GRAVIERENDSTEN?

☐ Sie vergeudet Unmengen an Zeit und Energie.

☐ In den Augen der Mitarbeiter ist sie letztlich auch für die Lösung des Konfliktes verantwortlich, da sie nichts anderes vermittelt hat.

☐ Die Führungskraft wird zur „Ziehungskraft" und das Team lässt sich gerne in diese komfortable Situation drängen.

☐ Sie entwickelt letztlich keine wirkungsorientierte Streitkultur in ihrem Team.

WELCHE ZWEI NEGATIV-WIRKUNGEN FÜR DAS TEAM SIND FÜR MICH AM KRITISCHSTEN?

☐ Die Mitarbeiter verlassen sich bei der Konfliktlösung vorrangig auf ihre Führungskraft.

☐ Das Team „lernt", dass es seine Führungskraft instrumentalisieren kann.

☐ Es empfindet dies einerseits als „praktisch" aber andererseits auch als wenig zielführend.

☐ Das Team entwickelt seine eigene Konfliktlösungsfähigkeit letztlich nicht weiter.

WELCHER TIPP WAR FÜR MICH AM WIRKUNGSVOLLSTEN?

☐ Auf Stufe 1 des Konfliktmanagements penetrant bestehen

☐ Der erfolgreiche Mediator: Eine „Schallplatte mit Sprung"

☐ Die Gegenwart im Dreiergespräch durch ein Fragepaar bearbeiten

☐ Keine Parteilichkeit eingehen

WELCHE FALLE IST FÜR MICH AM HERAUSFORDERNDSTEN?

☐ Konflikte nicht sehen wollen

☐ Konflikte vermeiden wollen

☐ Latente Konflikte immer eskalieren wollen

☐ „Ich will nicht den ersten Schritt machen."

WAS NEHME ICH MIR FÜR DIE ZUKUNFT KONKRET VOR?

Über den Autor

Seit 1998 berät, trainiert und coacht Michael Gobran in Europa und Nordamerika. Sein Fokus liegt dabei auf Strategie und Kultur in Systemen, um Ergebnisse nachhaltig zu optimieren. Vor dieser Zeit war Michael Gobran zwölf Jahre Unternehmer, bis er seine Firmen an einen Konzern verkaufte. Auch heute ist er noch als geschäftsführender Gesellschafter der mindsetter AG unternehmerisch tätig, sowie als Mitbegründer des Institute for Impact in den USA.

Gobrans Lebensthema ist die Suche nach Grundprinzipien, die in beruflichen oder privaten Systemen situationsunabhängig gelten. Effekte und Konsequenzen dieser Grundprinzipien ergründet er, um kompakte Handlungsanleitungen zu entwickeln, die auf eine gewünschte Wirkung einzahlen. Diese Handlungsanleitungen nennt er **Wirkungsprinzipien.**

Michael Gobran ist davon überzeugt, dass sich unsere Wirkung nur dann nachhaltig verändert, wenn wir unser Denken verändern. Wirkungsprinzipien helfen dabei, unser Denken auf eine gewünschte Wirkung auszurichten. Deshalb bezeichnet er sich als **Trainer, Berater und Coach für wirkungsorientiertes Denken.**

Sein persönliches Anliegen ist es, dass seine Kunden mithilfe von Wirkungsprinzipien ERFOLGREICH DENKEN, um trotz steigender Anforderungen wirkungsorientiert in ihren verschiedenen Rollen zu agieren.

Dank

Ich möchte mich ausdrücklich bei Timo Senger für seine konzentrierte Unterstützung bei der gesamten ERFOLGREICH DENKEN-Buchreihe bedanken. Trotz der vielen unterschiedlichen Themenfelder, die wir gemeinsam durchdrungen haben, hat er jederzeit den Gesamtüberblick behalten und mich dazu animiert und teilweise „gezwungen", die Dinge letztlich zielgerichtet und wirkungsorientiert abzuschließen. Die vielen virtuellen Meetings waren für mich eine Bereicherung und Bestätigung zugleich, da sie den Spirit der ERFOLGREICH DENKEN-Reihe im ursächlichen Sinne anfassbar gemacht haben.

Mein Dank gilt auch unserem Designer Stefan König. Auch wenn er durch unseren „perfektionistischen" Anspruch gezwungen war, immer wieder noch kleine Anpassungen vorzunehmen, hat er dies mit großer Gelassenheit, seinem feinen grafischen Auge und der notwendigen Ausdauer getan.

Weitere Titel der ERFOLGREICH DENKEN-Reihe

Nutzen Sie die Chance, als Verkäufer, Führungskraft oder Projektleiter durch ERFOLGREICH DENKEN noch wirkungsorientierter zu agieren. Die Handbücher dieser Reihe vermitteln Ihnen die wichtigsten Wirkungsprinzipien für Ihre jeweilige Rolle. Jedes Handbuch der ERFOLGREICH DENKEN-Reihe umfasst zehn Wirkungsprinzipien in zehn Kapiteln. Zu Beginn jedes Kapitels verschafft Ihnen eine vereinfachte Praxissituation direkten Zugang zur Handlungsanleitung. Im Anschluss daran helfen Ihnen effiziente Anwendungstipps sowie Hinweise auf typische Fallen bei der Anwendung und Antworten auf häufig gestellte Fragen aus der Praxis.

ERFOLGREICH DENKEN als Führungskraft Band 1

**Mitarbeiter bewegen, Schwächen managen,
Ziele erreichen.**

Legen Sie Wert darauf, Ihre Mitarbeiter zu mehr Lösungsorientierung zu entwickeln? Streben Sie danach, noch effizienter und effektiver zu delegieren? Letztlich geht es in der Führung nur um eines: das Ergebnis. Schön spielen oder gewinnen? Am besten natürlich beides, aber vor allen Dingen „gewinnen". ERFOLGREICH DENKEN als Führungskraft (Band 1) gibt Ihnen Hilfestellungen, wie Sie Ihre Mitarbeiter noch gezielter fördern und fordern, sowie Zeit und Ressourcen noch effektiver einsetzen können.

ISBN: 978-3-7412-8467-0

ERFOLGREICH DENKEN als Verkäufer

Kunden überzeugen, Verkaufserfolg erzielen, Beziehungen managen.

Wie schaffen Sie es, als Verkäufer konsequent die Ziele Ihrer Organisation zu verfolgen und gleichzeitig Beziehungen zu Ihren Kunden zu stärken? Dazu müssen Sie alle relevanten Faktoren im Auge behalten, die für einen Verkaufserfolg entscheidend sind. ERFOLGREICH DENKEN als Verkäufer zeigt Ihnen, wie Sie im stressigen Verkaufsalltag noch wirkungsorientierter auftreten können. Denn letztendlich geht es darum, Ihre Zeit effektiv einzusetzen und Ihre Verkaufschance zu maximieren.

ISBN: 978-3-7412-8520-2

ERFOLGREICH DENKEN als Projektleiter

Projektrahmen verhandeln, Projektteams managen, Projekterfolg sichern.

Sie möchten Ihre Projekte termin- und budgetgerecht durchführen? Ist es für Sie wichtig, ein transparentes und eindeutig formuliertes Projektziel zu verfolgen? Für einen wirkungsorientierten Projektleiter steht die Sicherstellung des Projekterfolgs an oberster Stelle. ERFOLGREICH DENKEN als Projektleiter hilft Ihnen dabei, Ihre Interessengruppen stets im Blick zu haben, ohne das Projektziel aus den Augen zu verlieren.

ISBN: 978-3-7412-8519-6

ERFOLGREICH DENKEN in sieben verschiedenen Formaten

Auf Ihre individuellen Bedürfnisse ausgerichtet bieten wir Ihnen ERFOLGREICH DENKEN in sieben verschiedenen didaktischen Formaten an.

Auf alle Wirkungsprinzipien der Reihe können Sie in folgender Form zugreifen:

1. HANDBÜCHER … praktisch nachlesbar

2. QUICKCARDS … jederzeit griffbereit

3. MINDTRIGGER … elektronisch abrufbar

4. IMPULS-VORTRÄGE … situativ kombiniert

5. INTENSIV-TRAININGS … praxisnah vermittelt

6. UNTERNEHMENS-PROGRAMME … systematisch abgestimmt

7. INDIVIDUAL-COACHINGS … persönlich angewendet

Alle Formate führen Sie in die Welt von ERFOLGREICH DENKEN ein. Sie entscheiden dabei, wie hoch Ihr individueller, greifbarer Bezug sein soll und wie stark die interaktive, von Ihnen steuerbare Reflexion ist.

QUICKCARDS – jederzeit griffbereit!

Passend zu jedem ERFOLGREICH DENKEN-Handbuch bieten wir Ihnen ein Set an QuickCards an. Jede QuickCard bezieht sich auf genau ein Wirkungsprinzip und vermittelt Ihnen schnell und übersichtlich die zehn wichtigsten Merksätze dazu. Und mit jeder QuickCard kommt auch eine ActivityCard, die Ihnen Fragen und Anregungen zur persönlichen Reflexion bietet.

Das handliche Format von 14 x 14 cm macht dem Namen „schnelle Karte" alle Ehre. Und mit der passenden ERFOLGREICH DENKEN-Mappe (für insgesamt 20 Karten) ist dieses didaktische Format tatsächlich jederzeit griffbereit.

Jetzt bestellen unter www.gobran.de

MINDTRIGGER – elektronisch abrufbar!

Während Sie in unseren **Handbüchern** zu ERFOLGREICH DENKEN die wichtigsten Wirkungsprinzipien zu den situativen Rollen mit allen Erläuterungen finden, haben Sie darüber hinaus die Möglichkeit, jedes Wirkungsprinzip der ERFOLGREICH DENKEN-Reihe mit unseren **Mindtrigger-Serien** elektronisch zu bearbeiten. Jede Serie umfasst mindestens fünf dieser interaktiven Online-Impulse und sorgt damit für eine stärkere Reflexion und Verankerung. Die Impulse sorgen für eine stärkere Interaktion und Reflexion. Nach jedem Mindtrigger erhalten Sie einen Überblick über bisher gegebene Antworten anderer Online-Nutzer, die das jeweilige Wirkungsprinzip bearbeitet haben.

Die gesamte Mediathek finden Sie unter www.gobran.de

Vorträge, Trainings & Coachings

Sie wollen in Ihrem Team nachhaltig das Konzept ERFOLGREICH DENKEN verankern? Dann sind unsere **IMPULS-VORTRÄGE** genau das Richtige für Sie. Sie wählen individuell drei bis fünf Wirkungsprinzipien aus, die dann situativ kombiniert in den jeweiligen Vortrag einfließen. So erhalten Ihre Mitarbeiter einen kompakten und motivierenden Einblick in die Wirkungsprinzipien, die für nachhaltigen Erfolg essenziell sind.

In unseren zweitägigen **INTENSIV-TRAININGS** greifen wir Ihre persönliche Erfahrungen auf und zeigen Ihnen anhand Ihrer individuellen Situation, wie Sie noch wirkungsorientierter agieren können. Die entsprechenden Wirkungsprinzipien werden praxisnah vermittelt und schaffen dadurch die Grundlage für ein wirkungsorientiertes Handeln im Alltag. Persönliche Reflexion wird dabei gefördert, um nachhaltige Verankerung zu erreichen.

Die Kultur Ihrer Organisation soll durch Wirkungsorientierung bestimmt sein? Unsere **UNTERNEHMENS-PROGRAMME** sind dafür genau richtig. Die individuellen Bedürfnisse Ihrer Organisation stehen dabei im Vordergrund und sind die Basis für die Wahl der passenden Wirkungsprinzipien und didaktischen Formate. Systematisch abgestimmt bieten wir Ihnen so Team-Workshops, Trainings, Großgruppen-Konferenzen und andere Veranstaltungen als Bestandteil der Programme an.

Das höchste Maß an Nachhaltigkeit und individuellem Bezug schaffen unsere **INDIVIDUAL-COACHINGS**. Hier gehen wir höchst speziell auf Ihre Situation und Ihre Herausforderungen ein. Dabei geht es darum, die richtigen Wirkungsprinzipien zu wählen und darauf einzuwirken, dass diese persönlich angewendet den maximalen Effekt haben. Denn schließlich geht es darum, dass Sie ERFOLGREICH DENKEN und damit zukünftig noch wirkungsorientierter sind.